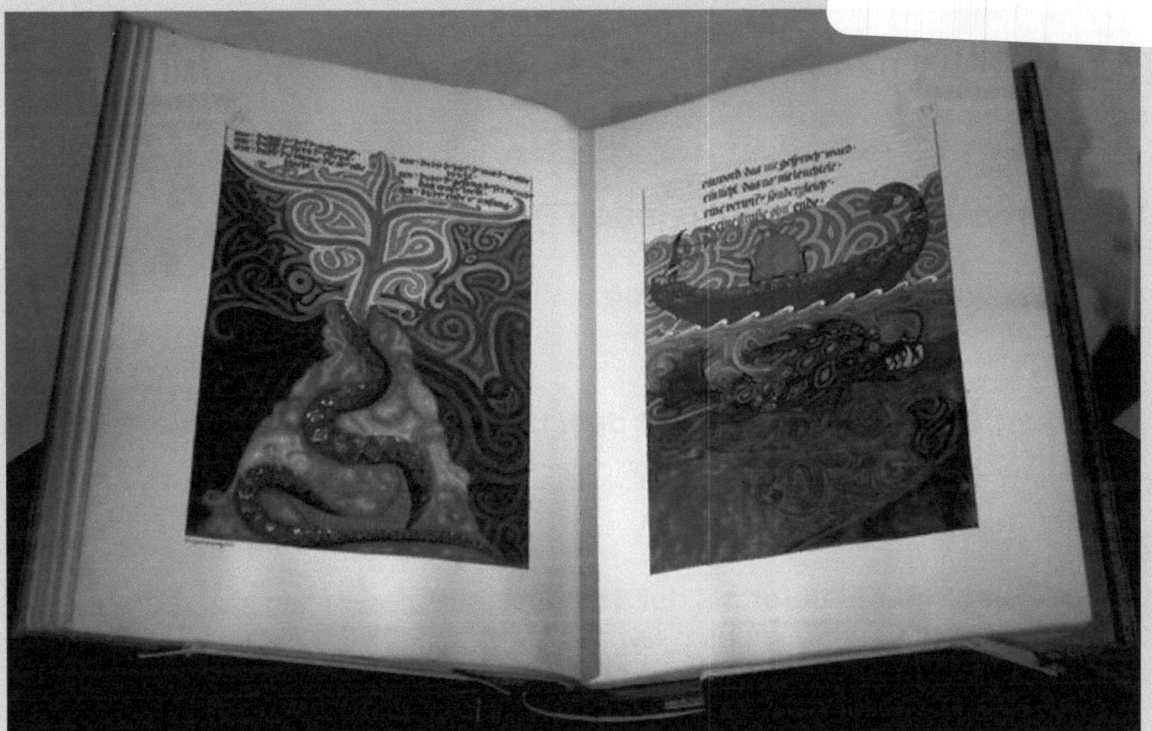

Das *Rote Buch* von C. G. Jung, aufgeschlagen in einer Vitrine in einer Ausstellung der 55. Biennale in Venedig.
(Foto: Beate Kortendieck-Rasche)

... der Urstoff für ein Lebenswerk

C. G. Jung hatte sich nach der Trennung von Freud auf eine langjährige Reise nach Innen begeben. In den Jahren ab 1912 geriet er zunehmend in Zustände psychischer Desorientierung, in
denen er intensive Träume, Fantasien und Visionen hatte. Er schrieb sie erst in mehrere schwarze
Bücher und gestaltete sie dann in seinem *Roten Buch*. Dieses Buch wurde 50 Jahre nach seinem
Tode der Öffentlichkeit zugänglich gemacht (Patmos, 2013).

> Es war ein unaufhörlicher Strom von Phantasien, der [...] ausgelöst wurde, und ich tat
> mein Möglichstes, um die Orientierung nicht zu verlieren und einen Weg zu finden.
> Ich stand hilflos in einer fremdartigen Welt, und alles erschien mir schwierig und
> unverständlich. Ich lebte ständig in einer intensiven Spannung, und es kam mir oft vor,
> als ob riesige Blöcke auf mich herunterstürzten. Ein Donnerwetter löste das andere ab.
> Daß ich es aushielt, war eine Frage der brutalen Kraft. Andere sind daran zerbrochen.
> Nietzsche und auch Hölderlin und viele andere. Aber es war eine dämonische Kraft in
> mir, und von Anfang an stand es für mich fest, daß ich den Sinn dessen finden mußte,
> was ich in den Phantasien erlebte.
> (Jung/Jaffé, 1962, Erinnerungen, Träume, Gedanken, S. 180)

> Die Jahre, in denen ich den inneren Bildern nachging, waren die wichtigste Zeit meines
> Lebens, in der sich alles Wesentliche entschied. Damals begann es, und die späteren
> Einzelheiten sind nur Ergänzungen und Verdeutlichungen. Meine gesamte spätere
> Tätigkeit bestand darin, das auszuarbeiten, was in jenen Jahren aus dem Unbewußten
> aufgebrochen war und mich zunächst überflutete. Es war der Urstoff für ein Lebenswerk.
> (Jung/Jaffé, 1962, Erinnerungen, Träume, Gedanken, S. 203)

Inhalt

Inhalt

Liebe Leserinnen und Leser,

„Sagen Sie alles, was Ihnen durch den Sinn geht."

Das ist eine ganz einfache, unschuldig wirkende Aufforderung, die es aber ganz schön in sich hat. Mit ihr haben Psychoanalyse und Tiefenpsychologie die Welt- und Kulturgeschichte im letzten Jahrhundert revolutioniert, denn vorher wollte man das „Unbewusste" der Menschen lieber nicht allzu genau zur Kenntnis nehmen.

Heute aber wissen wir: Alles zwischen dem Möglichen, Denkbaren, Wünschenswerten, zu Erhoffendem, dem Unmöglichen, Ungeheuren und Grauen des Lebens, die schönste Utopie und die schrecklichste Dystopie, jede Fiktion, Luftschlösser, Wolkenkuckucksheim und Hirngespinste, alle Kultur, Kunst, Religion, Wissenschaft und Technik haben ihren Anfang in Fantasien genommen.

Die Psyche erschafft täglich die Wirklichkeit. Ich kann diese Tätigkeit mit keinem anderen Ausdruck als mit Fantasie bezeichnen. Die Fantasie ist ebenso sehr Gefühl wie Gedanke, sie ist ebenso intuitiv wie empfindend. Es gibt keine psychische Funktion, die in ihr nicht ununterscheidbar mit den andern psychischen Funktionen zusammenhinge. Sie erscheint bald als uranfänglich, bald als letztes und kühnstes Produkt der Zusammenfassung alles Könnens. Die Fantasie erscheint mir daher als der deutlichste Ausdruck der spezifischen psychischen Aktivität. Sie ist vor allem die schöpferische Tätigkeit, aus der die Antworten auf alle beantwortbaren Fragen hervorgehen, sie ist die Mutter aller Möglichkeiten, in der auch, wie alle psychologischen Gegensätze, Innenwelt und Außenwelt lebendig verbunden sind.
(Jung, GW 6, § 78)

Jung unterschied ein assoziatives, bildliches Fantasiedenken und ein gerichtetes sprachliches Denken. Ersteres galt ihm als unmittelbarster Ausdruck der psychischen Aktivität,

das immer dann zu beobachten ist, wenn die bewusste Aufmerksamkeit und damit das gerichtete, bewusste, rationale Denken ermüdet oder auch bewusst abgesenkt wird.

Das Absenken der Ich-Aktivitäten für eine gewisse Zeit ermöglicht das Schöpfen aus dem darunter fließenden ewigen Strom von Einfällen, Gedanken, Bildern, Erinnerungen, Fantasien. Diesen manchmal einfach nur wiederholenden oder korrigierenden und manchmal auch schöpferischen Prozess erleben wir im alltäglichen und nächtlichen Träumen, Assoziieren, Symbolisieren wie auch im Spielen und in allen weiteren Formen des herabgesenkten Bewusstseinszustandes.

Wir wissen heute, dass wir einen Großteil unseres Tages eher in einem solchen „Standard- (Default-) Modus" unseres Gehirns verbringen, manchmal auch als „Mind-Wandering" bezeichnet. Während konzentriertes Beobachten, Nachdenken, Entscheiden und bewusstes Handeln relativ viel Synapsen-Energie verbrauchen, schaltet unser Gehirn rasch in den entspannteren „Default-Modus", wenn die Situation vertraut ist und wir mit unbewussten Verhaltensmustern ausreichend gut zurechtkommen.

Phantasie ist ja überhaupt die Selbsttätigkeit der Seele, die überall da durchbricht, wo die Hemmung durch das Bewußtsein nachläßt oder überhaupt aufhört, wie im Schlaf. Im Schlaf erscheint die Phantasie als Traum. Aber auch im Wachen träumen wir unter der Bewußtseinsschwelle weiter.
(Jung, GW 16, § 125)

In der modernen Psychotherapie hat sich Ende des 19. Jahrhunderts aus der Hypnose die Arbeit mit Imaginationen entwickelt. Freud entdeckte die Methode der freien Assoziation als einfachen und direkten Weg, mit den vor- und unbewussten Aspekten der Psyche in Verbindung zu treten. Der Patient wurde gebeten:

Während Sie sonst mit Recht versuchen, in Ihrer Darstellung den Faden des Zusammenhanges festzuhalten,

Die legendäre Couch Freuds (Freud Museum, London), die einem „fliegenden Teppich" oder Traum-Boot gleicht, mit dem man in die unbekannten Bereiche der Psyche hinein gleitet. Hier begann die systematische Erforschung der bildreichen Tiefendimensionen der Seele. Die Aufgabe der Therapeutin / des Therapeuten dabei ist, mit sogen. „gleichschwebender Aufmerksamkeit" dem Strom der Einfälle des Patienten zuzuhören und insbesondere auch auf die anklingenden und mitschwingenden Gefühle und Fantasien zu achten.

und alle störenden Einfälle und Nebengedanken abweisen, um nicht, wie man sagt, aus dem Hundertsten ins Tausendste zu kommen, sollen Sie hier anders vorgehen. Sie werden beobachten, dass Ihnen während ihrer Erzählung verschiedene Gedanken kommen, welche Sie mit gewissen kritischen Einwendungen zurückweisen möchten. Sie werden versucht sein, sich zu sagen: Dies oder jenes gehört nicht hier her, oder es ist ganz unwichtig, oder es ist unsinnig, man braucht es darum nicht zu sagen. Geben Sie dieser Kritik niemals nach und sagen Sie es trotzdem, ja gerade darum, weil Sie eine Abneigung dagegen verspüren. [...]

Sagen Sie also alles, was Ihnen durch den Sinn geht. Benehmen Sie sich so,

wie zum Beispiel ein Reisender, der am Fensterplatze des Eisenbahnwagens sitzt und dem im Inneren Untergebrachten beschreibt, wie sich vor seinen Blicken die Aussicht verändert. (S. Freud, Ratschläge für den Arzt bei der psychoanalytischen Behandlung, 1912)

Das Gegenstück zur freien Assoziation, der sich der Analysand hingeben sollte, ist die gleichschwebende Aufmerksamkeit, mit der der Analytiker den Einfällen des Klienten folgen sollte:

Indes ist diese Technik eine sehr einfache. Sie lehnt alle Hilfsmittel, wie wir hören werden, selbst das Niederschreiben ab und besteht einfach darin, sich nichts besonders merken zu wollen und

allem, was man zu hören bekommt, die nämliche „gleichschwebende Aufmerksamkeit", wie ich es schon einmal genannt habe, entgegenzubringen.
(S. Freud, Ratschläge für den Arzt bei der psychoanalytischen Behandlung, 1912)

Freud hat also hier für die Psychotherapie etwas entdeckt und angewendet, was heute sowohl in therapeutischen als auch in spirituellen Kreisen hoch im Kurs steht: Achtsamkeit. Bei der Achtsamkeit geht es ja darum, alle Dingen, die sich gerade hier und jetzt ereignen – also auch die Einfälle, Gedanken, Emotionen, Fantasien –, entspannt und ohne Bewertung zu beobachten. Das ist ja genau das, was die tiefenpsychologischen Richtungen anstrebten, wenn sie zur „Arbeit" mit dem Unbewussten anregten und ermutigten, dem spontanen Fluss der Impulse, Fantasien und Imaginationen zu folgen.

C. G. Jung hat die Methode der freien Assoziation um zwei Aspekte weiter entwickelt: die „Amplifikation" und die „Aktive Imagination". Bei der Amplifikation (Erweiterung) wird ein Motiv oder Symbol nicht fortlaufend weiter assoziiert, sondern eher umkreist, indem man immer wieder zum Ausgangsmotiv zurückkehrt und nach weiteren Bezügen zum Motiv fragt. Hierbei können dann neben den mehr persönlichen Einfällen auch allgemeinere Deutungsaspekte einbezogen werden.

Zum Beispiel das Thema „Smartphone": Bei der freien Assoziation könnte der Verlauf etwa so sein: „Müsste mal wieder schauen, ob es neue Nachrichten gibt ... Warum meldet sich niemand? ... Diese dauernden Updates finde ich lästig ... Meine Freundin hat gerade mal wieder mit ihrem neuesten, teuren Handy angegeben ... Soll ich mir die Corona-App auch draufladen? ... Hoffentlich steck ich mich nicht an ..."

Bei der umkreisenden Amplifikation könnte jemandem einfallen: „Smartphone ... Künstliche Intelligenz ... Fern-Sehen ... Gedankenübertragung ... das ganze Wissen der Welt ... alle Menschen miteinander verbunden ... die Eine Welt ... Uralte Sehnsucht ... Sucht und Realitätsverlust ..."

Beide Methoden schließen sich natürlich nicht aus, sondern ergänzen sich, zumal Klienten auch bei der freien Assoziation leicht auf allgemeinmenschliche, archetypische Aspekte stoßen.

Bei der Aktiven Imagination bleibt es nicht nur beim Assoziieren und Umkreisen, sondern man tritt in die Fantasie aktiv-dialogisierend ein. Beispielsweise könnte man das Smartphone fragen, wieso es so viel Macht in unserem Leben bekommen hat ...

Im Grunde handelt es sich bei der Aktiven Imagination um eine sehr alte Methode zur Veränderung des Bewusstseins und zur Herstellung einer Beziehung zu unbewussten Inhalten, wie sie in hermetischen, mystischen und religiösen Traditionen angestrebt wurden. Sie diente dazu, um mit „Dämonen" und Gottheiten, jenseitigen Wesenheiten und Geistern in Verbindung zu treten, um Informationen über die Vergangenheit und die Zukunft zu erhalten oder das Weltgeschehen magisch zu beeinflussen. Schamanen erhielten mit ihrer Hilfe heilsame Visionen, Mystiker „schauten" das Wesen der Seele und des Göttlichen und Künstler gestalteten mit ihrer Hilfe ihre Werke.

Auf diesem schöpferischen Dialog mit dem Unbewussten basieren alle in der Analytischen Psychologie beschriebenen kreativen und spielerischen Methoden, in denen auf vielfältigsten Wegen bis dahin unbewusste Impulse die Grenze des Bewusstseins überschreiten. Sie tun das, indem sie sich mit den Fähigkeiten, die jemand zur Verfügung hat (sei es spielen, malen, tanzen, imaginieren usw., vgl. A-H-Schema, S. 10) ausdrücken können bzw. gestaltet werden.

Es gibt heute fast keine etablierte therapeutische Methodik, die nicht das Potenzial der Fantasie nutzt.

Dass es die Fähigkeit des Menschen zur Fantasie und Imagination in seiner Auseinandersetzung mit seiner Mit- und Umwelt wie mit seinen inneren Welten ist, die unsere Welt prägt, wird auch schon lange in Anthropologie, Kultur- und Evolutionspsychologie breit diskutiert und natürlich in den letzten 50 Jahren besonders auch in der Medienpsychologie.

Yuval Harari, geb. 1976 in Israel, Historiker, der sich mit universalhistorischen Entwicklungen und den globalen Wechselwirkungen in Evolution und Geschichte beschäftigt und inzwischen zum inspirierenden Gesprächspartner führender Politiker in Europa und Amerika

Warnschild vor Smartphone Nutzern – Smombies (Kunstwort aus Smartphone und Zombie, den lebenden Toten) – die wie hypnotisiert durch die Straßen laufen und unberechenbare Verkehrsteilnehmer sind. (Foto: Jacob-Sempler)

geworden ist, hat in seinem ersten populärwissenschaftlichen Bestseller *Eine kurze Geschichte der Menschheit* (2013) und in seinem darauf folgenden Buch *Homo Deus* (2017) die schöpferische Rolle des Homo Sapiens provokant diskutiert.

Die Fähigkeit des Homo sapiens, sich Dinge vorzustellen, die nicht da sind und an Dinge zu glauben, die er sich vorstellt, wie Religionen, Nationen, Kapitalismus, Menschenrechte und die Charta der Vereinten Nationen etwa, hätten ihm, so Harari, seinen über mehr als 50.000 Jahre andauernden Siegeszug über die Erde und all ihre Lebewesen ermöglicht.

Und Harari hat auch eine provokante Vision für die Zukunft: Ausgehend von den sich abzeichnenden digitalen, gentechnologischen und biotechnologischen Möglichkeiten, stellt er sich ein zunehmendes Zusammenwachsen von Mensch und Maschine zu einer neuen Lebensform mit gottgleich schöpferischen Fähigkeiten im positiven wie im destruktiven Sinne vor.

Der Mensch habe seine Geschichte begonnen, als er die Götter erfand, und die Geschichte des Menschen werde enden, wenn die Menschen zu Göttern, eben zum Homo Deus, würden. Das ursprüngliche Raubtier Homo sapiens, das wie kein anderes uns bekanntes Wesen auf dieser Welt, Mitlebewesen ausgerottet und das Gesicht der Erde geprägt hat, könnte sich zukünftig zu einem Homo Deus entwickeln, der mit seinen Technologien

alles tatsächlich besser könne als der derzeitige Mensch.

Harari möchte, wie er selber in seinem Buch sagt, bewirken, dass wir aus unseren derzeitigen Mythen heraustreten und mit mehr Fantasie und schöpferischen Energien über unsere zukünftige Entwicklung nachdenken lernen.

Um aber auch wirklich zu verantwortlichen Schöpfern einer guten und lebenswerten Welt werden zu können, müssen wir einerseits lernen, uns dem Potential unserer Seele gegenüber zu öffnen und gleichzeitig aber auch den Gefahren zu begegnen, die mit der Überflutung von akustischen und bildhaften Reizen, die über die modernen Medien so massiv und fremdbestimmend auf uns einwirken, verbunden sind. Wie es eine Umweltvergiftung und -zerstörung gibt, scheint es auch eine Innenweltvergiftung zu geben, die unser inneres seelisches Leben abtötet und uns zu „Smombies" (s. Abb. oben) machen kann.

Vor fünfzig Jahren schrieb Jung:

Die gigantischen Katastrophen, die uns bedrohen, sind keine Elementarereignisse physischer oder biologischer Natur, sondern psychische Ereignisse. [...] Jederzeit können einige Millionen Menschen von einem Wahn befallen werden, und dann haben wir wieder einen Weltkrieg oder eine verheerende Revolution. Statt wilden Tieren, stürzenden Felsen, überflutenden Gewässern ausgesetzt zu sein, ist der Mensch jetzt seinen seelischen Elementargewalten ausgesetzt. Das Psychische ist eine Großmacht, die alle Mächte der Erde um ein Vielfaches übersteigt. (Jung, GW 17, § 302)

Jung hatte damals Kriege und Revolutionen im Sinne, aber diese Gedanken lassen sich genauso gut auf die Wirkung von Fernsehen, Internet, Social-Media, Werbung usw. übertragen. Man spricht heute schon von der „viralen Verbreitung" von digitalen Inhalten im Netz.

Mehr als sich vor wenigen Jahren je vorstellen ließ, ist es durch die modernen Medien in ihrer Gesamtheit, insbesondere TV und TV-Serien, die Computerspiele, das Internet und das Smartphone in kürzester Zeit zu einer Kulturrevolution gekommen, die alle bisher dagewesenen Kulturrevolutionen weit in den Schatten stellt.

Das gesamte aktuelle Wissen der Menschheit, das kollektive Bewusste und Unbewusste wird Jedem zugänglich, und dies nicht nur passiv, sondern hochgradig manipulativ, invasiv, viral einerseits, aber auch interaktiv kommunizierend, kreativ und mitgestaltend andererseits.

Noch nie war es so vielen Menschen möglich, ihre Verrücktheiten und ihren Wahnsinn, ihre Ängste und Bedürfnisse, aber auch ihre Fantasien und Kreationen, ihr schöpferisches Potential miteinander auszutauschen.

Die Hoffnungen, die mit dieser revolutionären Entwicklung verbunden sind, reichen bis hin zu einer aufgekläen, freien, selbstbestimmenden, demokratischen, globalen Gesellschaft, in der die Menschen gelernt haben, mit den kreativen Möglichkeiten wie auch den manipulativen Aspekten der virtuellen Welten gut und realistisch umzugehen; die Ängste warnen vor einer absolut kontrollierten Vermassung, in der ängstliche, süchtige Menschen wie hypnotisierte Marionetten ihren Smartphones blindlings folgen und zwischen innerer und äußerer Realität nicht mehr unterscheiden können.

In den grauen Kästen dieses Heftes wollen wir deshalb auch eher die problematischen Aspekte der Macht der Bilder hervorheben.

Dennoch aber verbleiben wir mit den besten Wünschen für eine befreite und schöpferische Fantasie

Ihre Anette und Lutz Müller für das Redaktionsteam

Die dunkle Seite Phantásiens

Die Schattenseiten der Fantasie
in der *Unendlichen Geschichte* von Michael Ende (1)

Bastian hat sich mit dem Buch *Die unendliche Geschichte* auf dem Schulspeicher zurückgezogen und vertieft sich in die Handlung, bis er ganz in ihr aufgeht. (Foto aus dem gleichnamigen Film von 1984, Regie: Wolfgang Petersen)

Der 1979 erschienene (und 2020 als Schmuckausgabe wieder aufgelegte) Roman und Welt-bestseller *Die unendliche Geschichte* von Michael Ende beschreibt den Individuationsweg eines einsamen Jungen, der sich mit Hilfe eines magischen Buches in die Welt der Fantasie und Ima-gination hineinziehen lässt und dabei nicht nur heilsame, sondern auch sehr gefährliche Erfah-rungen macht, die sehr anschaulich die positiven wie negativen Aspekte einer tiefen-regressiven Auseinandersetzung mit dem Unbewussten darstellen.

Wie schon in seinem Vorgängerwerk *Momo* (1973) gelingt es Michael Ende auch hier, künst-lerische, literarische, philosophische, symbolische, psychologische, spirituelle und gesell-schaftskritische Aspekte in visionärer Weise zu verbinden, so dass sie bis heute wenig von ihrer Aktualität und Brisanz verloren haben.

Die tiefenpsychologisch-archetypischen Aspekte seiner Heldenreise, (Alter-Ego, Persona, Schatten, Anima, Heros- Logos-, Bios-, Erosaspekte, Inflation, Regression, Begegnung mit dem SELBST etc.) sind in der Unendlichen Geschichte erstaunlich prägnant dargestellt (vgl. dazu z. B. Müller, Lutz: *Suche nach dem Zauberwort,* 1986 / 2013)

In den grauen Kästen dieses Heftes wollen wir aus Gründen zunehmender Aktualität insbesondere die problematischen Aspekte der Reise nach Phantásien hervorheben.

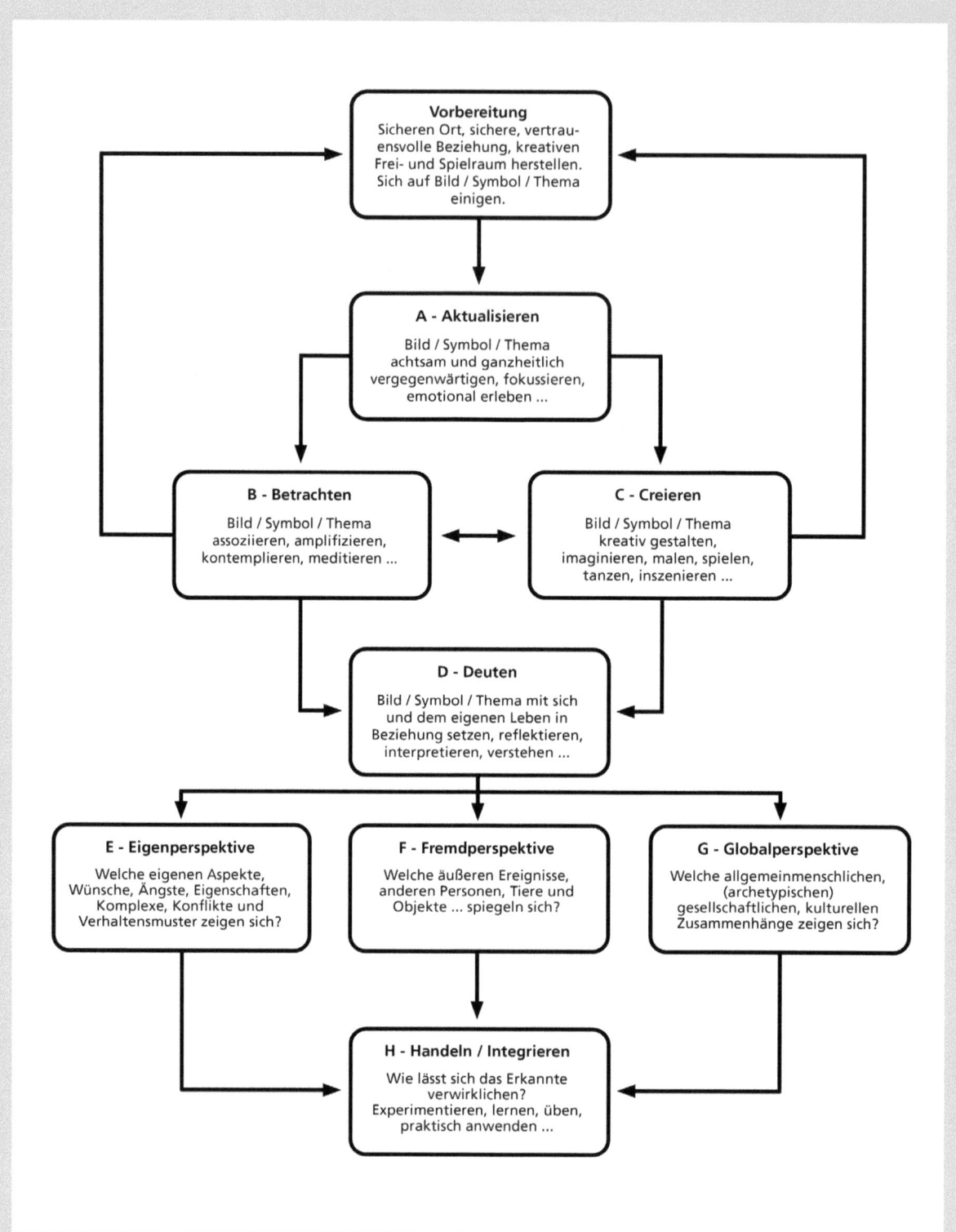

Das obige A-H-Schema stellt verschiedene integrative Methoden der Analytischen Psychologie und Psychotherapie dar. Als allgemeines Vorgehen gilt: Erleben, Verstehen, Integrieren. (Vgl. Müller, A. / Müller, L.: *Praxis der Analytischen Psychologie. Lehrbuch für eine integrative Psychotherapie.* Stuttgart: Kohlhammer 2018

„Wie setzt man sich praktisch mit dem Unbewussten auseinander?" (Jung 1958)

Zur Einführung in die Aktive Imagination

Ralf T. Vogel

Im Jahr 1958, als Jung sich noch einmal die Frage nach der tatsächlichen Praxis seiner Analytischen Psychologie stellte, hatte er bereits eine jahrzehntelange Erfahrung mit einer von ihm als zentral für sein therapeutisches Tun eingeschätzten psychologischen Methode hinter sich. Es ist eine, von ihm 1916 erstmals dargestellte und später als Aktive Imagination bezeichnete, Weise einer interaktiven, meditativ-achtsamen Innenschau, ein achtsames Beobachten und Lauschen nach innen, hinein in das Selbst, hinein in den Seeleninnenraum. Dieser zeigt sich, u. a. weil unser Gehirn nun mal ein bildaffines Organ ist, unserem Bewusstsein zunächst in Bildern, die wahrnehmbar sind und mit denen „gearbeitet" werden kann.

Eigene Krisenerlebnisse nach der Trennung von Freud, ethnologische Studien und Erfahrungen mit psychiatrischen Patienten wiesen Jung schon früh auf die enorme Bedeutung des inneren Bilderlebens hin. Die Analytische Psychologie insgesamt unterscheidet sich von allen anderen (Tiefen-)Psychologien v. a. durch den Vorrang, den sie der seelischen Bilderwelt zuschreibt. Betrachtungen von Träumen, Fantasien und Imaginationen, Kunstschaffen und Hollywood-Entertainment, aber auch die Entwicklung psychopathologischer Symptome, werden als Ausdruck einer tief liegenden schöpferischen Kraft verstanden, die sich zeitlich primär und in erster Linie über lebendige Bilder ins Bewusstsein bringt.

Und auch viele literarische und religiöse Motive, wie etwa Dantes Göttliche Komödie oder das Tibetische Totenbuch, sind als Aufzeichnungen von innerpsychischen Prozessen zu verstehen, die heute in dem Begriff der Ak-

tiven Imagination zusammengefasst werden. Jungs grundlegende Erkenntnisse von der Gegensatzstruktur allen psychischen Geschehens, von den unserer Seele innewohnenden Tendenzen der Kompensation und der Zielgerichtetheit, bilden die theoretische Grundlage einer analytischen Bilderpsychologie und stellen auch das Denkfundament der Aktiven Imagination dar.

Hinzu kommt eine fast revolutionäre und bis heute im wissenschaftlichen ‚mainstream' anstößige weil unverstandene Sicht Jungs auf die innere Bilderwelt als Realität, die zwar durchaus eine andere ist als die materielle Wirklichkeit, die aber ebenfalls einen Wirklichkeitsanspruch erheben darf und muss.

Inspiriert wurde Jung zu dieser Sichtweise von seinem Freund und intellektuellen Weggefährten, dem französischen Islamwissenschaftler Henri Corbin (1903-1978), der über den religionswissenschaftlichen Begriff des mundus imaginalis zu ganz ähnlichen Erkenntnissen gelangte.

„Das Unbewusste [...] ist eine seelische Spiegelung der ganzen Welt" schrieb Jung in einem Brief (Jung, Briefe 1, S. 187) und kam damit bereits der in ihrer Entstehung vorwiegend der islamischen Mystik zuzuordnenden Begrifflichkeit des Mundus Imaginalis sehr nahe.

Die menschliche Grundaufgabe, ja, so Jung, „das letzte menschliche Abenteuer", besteht nun in der bewussten Kontaktaufnahme mit diesen und erst einmal wenig bekannten innerseelischen aber nichtsdestoweniger wirklichen Geschehnissen. Durch die zunächst rein auf philosophischer Ebene stattfindende Erweiterung des Realitätsbegriffes hinein ins

Seelische werden also auf der praktischen Ebene Zugänge zu dieser Wirklichkeitsebene, zu diesen, um ein Wort Hermann Hesses aus dem Jahr 1934 zu benutzen, „Seelenerlebnissen" notwendig.

Die Aktive Imagination ist eines davon, und sie verfügt inzwischen über ein breites Anwendungsfeld (vgl. Dorst u. Vogel 2014). Als therapeutische Methode geht es bei der Aktiven Imagination

Das ewige schöpferische Wechselspiel der Polaritäten
(Foto: rolffimages, 256020303, AdobeStock)

zunächst um die Einübung eines stabilen Ich, das auch unter unklaren und bisweilen verunsichernden Umständen „bei sich bleiben" und funktionieren kann.

Therapeutisch wird ebenso ein Kennenlernen und Bearbeiten unserer biografisch bedingten Seelenanteile, der sogenannten Komplexe, angestrebt.

Drittens geht es in der Therapie um Fühlungnahme zu kreativ-schöpferischen Anteilen unseres Unbewussten und damit auch der Möglichkeit einer Entwicklungsförderung und (Lebens-)Ziel-Findung. Mit diesen drei Wirkweisen trägt die Aktive Imagination zur Herstellung und Aufrechterhaltung unserer psychischen Gesundheit bei.

Neben diesen genuin therapiebezogenen Faktoren findet sich aber auch eine dezidiert spirituelle Komponente dieser Übung. Ein Großteil des Werkes von C. G. Jung, wahrscheinlich mehr als ein Drittel seiner bisher veröffentlichten Schriften, ist der vergleichenden Religionswissenschaft, der Religionspsychologie und der Religionsphilosophie zuzuordnen. Hinzu kommen eine ganze Reihe beeindruckender Dokumente seiner eigenen spirituellen Erfahrungen.

Auf der konzeptuellen Ebene ist die spirituelle Ausrichtung der Analytischen Psychologie in erster Linie in der Psychologie des Selbst und in der Empirie der kollektiven Schichten des Unbewussten zu finden, der Tatsache also, dass wir, genau betrachtet, wie Hesse 1919 schreibt, „aus dem ganzen Bestand der Welt" bestehen. Beide weisen auf die tiefenpsychologischen Wissensbestände über das den Einzelmenschen Überschreitende hin. Das Selbst ist mehr als das subjektive Ich, im Unbewussten finden wir mehr als nur die Niederschläge unserer Biografie.

Spiritualität kann definiert werden als Kontaktsuche mit dem, was über unser Ich hinaus geht. Sie betrifft, so zusammenfassend der Gestalttherapeut Felix Helg, ein

... überindividuelles Sein. Diese Orientierung erschöpft sich nicht in intellektuellen Überlegungen, sondern sie ist immer auch eine gelebte Erfahrung, eine bewusste Öffnung über das Alltagsbewusstsein hinaus. Es geht um eine Bewusstseinserweiterung, um ein Transzendieren unserer Grenzen, um eine Kontaktaufnahme mit etwas, das größer ist als unser Ich.
(Helg, 2000, S. 18)

Wie bei den Mystikern so finden wir auch bei Jung, diesmal aber psychologisch hergeleitet, den Gedanken, dass dieses über uns Hinausgehende in uns und nicht außerhalb zu finden ist.

Eine weitere, wohl noch „jungianischer" anmutende Idee von Spiritualität ist die der Suche nach der Verbindung des Gegensätzlichen, der Kontaktaufnahme mit dem ‚Anderen', dem Fremden etc. Das, was durch diese Verbindung (und nicht etwa durch die kompromisshafte Auflösung) der Gegensätze angestrebt wird, ist nicht weniger als die Ganzheit, und nach wie vor am schönsten illustriert ist dieses Thema in dem auch von Jung bewunderten altchinesischen Ganzheitssymbol des Yin und Yang.

Auch die Gegensatz-Verbindung muss primär in unsrem Inneren erfolgen, es geht, in Jungs Worten, um den Aufbau der sog. „Transzendenten Funktion", die mal harmonischen mal aber auch streitbaren Kontakt zwischen den gegensätzlichen Polen herstellt. Sie geschieht zunächst als Kanal zwischen dem Bewussten und den verschiedenen Schichten des Unbewussten, dann aber auch zwischen den mannigfaltigen Gegensätzlichkeiten unserer Psyche schlechthin.

Die Aktive Imagination ist die wohl direkteste Form der Einübung der Transzendenten Funktion einerseits und der Fühlungnahme mit dem, was unser Bewusstsein überschreitet, andererseits, sie setzt seelische Wandlungsprozesse in Gang und kann daher mit Fug und Recht als spirituelle Disziplin bezeichnet werden.

Wie geht Aktive Imagination?

Aktive Imagination, zunächst nur als bewusste Schaffung eines Symbols definiert, meint heute die aufmerksame Konzentration nach innen und auf die sich dadurch fast von selbst entwickelnde innere Szene, das innere Bild. Jedoch geht es um Bilder von ‚ganzer' Wirkung, d. h. der Sehsinn ist genauso beteiligt wie Hören, Riechen, Schmecken und Tasten, je nach Typ bei jedem/jeder Übenden mit anderen Schwerpunkten.

Von Jung gibt es einige wenige, dafür aber ungewöhnlich konkrete Anweisungen bzgl. der Durchführung der Aktiven Imagination. So schreibt er 1929 in einem Vorwort zu einem übersetzten klassisch-chinesischen Text:

> Die Aufgabe wäre ja einfach genug (Wenn nur nicht Einfachheit das Allerschwierigste wäre!). Sie besteht einzig und allein darin, dass zunächst einmal irgendein Fantasiefragment in seiner Entwicklung beobachtet wird. [...]
> Das Bewusstsein erhebt ausgiebig Einwände [...]
> Bisweilen besteht ein förmlicher Bewusstseinskrampf.
> (Jung, GW 13, § 22)

Jung spricht an gleicher Stelle von der Notwendigkeit zu üben, „psychisch geschehen lassen" zu können. Und weiter und genauer, in einem Brief von 1947:

> Bei der Aktiven Imagination kommt es darauf an, dass Sie mit irgendeinem Bild beginnen. [...] Betrachten Sie das Bild und beobachten Sie genau, wie es sich zu entfalten oder zu verändern beginnt. Vermeiden Sie jeden Versuch, es in eine bestimmte Form zu bringen, tun Sie einfach nichts anderes als beobachten, welche Wandlungen spontan eintreten. Jedes seelische Bild, das Sie auf diese Weise beobachten, wird sich früher oder später umgestalten, und zwar aufgrund einer spontanen Assoziation, die zu einer leichten Veränderung des Bildes führt. Ungeduldiges Springen von einem Thema zum andern ist sorgfältig zu vermeiden. Halten Sie an dem einen von Ihnen gewählten Bild fest und warten Sie, bis es sich von selbst wandelt. Alle diese Wandlungen müssen Sie sorgsam beobachten und müssen schließlich selbst in das Bild hineingehen: Kommt eine Figur vor, die spricht, dann sagen auch Sie, was Sie zu sagen haben, und hören auf das, was er oder sie zu sagen hat. Auf diese Weise können Sie nicht nur Ihr Unbewusstes analysieren, sondern Sie geben dem Unbewussten auch eine Chance, Sie zu analysieren. Und so erschaffen Sie nach und nach die Einheit von Bewusstsein und Unbewusstem, ohne die es überhaupt keine Individuation gibt.
> (Jung, Briefe 2, S. 76)

Es geht also um eine möglichst vollständige Innenschau, aber später auch um eine aktive Aufnahme und Gestaltung von Beziehungen zu dem uns dort Begegnenden. Dazu bleibt das Ich „kohärent", d. h. es soll nicht zu wundersamen Verwandlungen, wie etwa bei manchen Schamanenreisen, kommen. Ich bleibe auch auf dem Weg durch meinen Seeleninnenraum ich selbst, mit all meinen Fähigkeiten und Schwächen, meinem Mut und meinen Ängsten. Als derjenige, der ich bin, trete ich in Kontakt zu den Figuren meines Inneren.

Imagination

Aktive Imagination führt, ernsthaft geübt, zu innerseelischen Veränderungen und neben dem Erleben von Kreativität, Verbundenheit, Einsicht und Authentizität auch zur Kontaktaufnahme mit Unbekanntem und bisweilen Unheimlichen. Sie sollte daher immer innerhalb stützender und haltgebender Beziehungskontexte erfolgen. Es ist oft wichtig, sich über das Erlebte auszutauschen und sich mit Anderen über dessen Konsequenzen für den Lebensalltag zu beraten. Bei Schwierigkeiten ist es sicher am besten, nicht selbst ‚mit der Brechstange' vorzurücken, sondern sich professionell unterstützen zu lassen.

Aktive Imagination wird von jungianisch ausgebildeten Analytikern und Analytikerinnen innerhalb der Einzel- und Gruppentherapie und auch -Selbsterfahrung praktiziert. Jedoch, das ist anzumerken, es ist nicht immer Aktive Imagination drin, wo Aktive Imagination draufsteht. Da der Terminus nicht geschützt ist, ist es bei Angeboten außerhalb der Community der „JungianerInnen" immer ratsam, erst zu prüfen, um welches Verfahren es sich denn nun genau handelt und wer genau die Methode lehrt.

Aktive Imagination in Zeiten existenzieller Verunsicherung

Dieser Artikel entstand in Corona-Ausnahmezeiten. Die letzten Wochen und Monate stellten mit den sie bestimmenden Gefühlen von Verunsicherung, Angst, Hoffen und Bangen eine Herausforderung für die psychischen Anpassungsleistungen der Menschen dar. Der große Wert und der praktische Nutzen der Aktiven Imagination konnte sich hier besonders zeigen. Die formalen Vorteile der regelmäßigen Übung der Aktiven Imagination in solchen Zeiten sind offensichtlich: Übungszeiten strukturieren den Tag, eine Morgen- und Abendübung etwa kann dem Tag, auch in seinen chaotischen Abläufen und dazugehörigen Emotionen, einen Rahmen geben. Gleichzeitig bringt die Aktive Imagination per se eine Orientierung nach Innen mit sich, die besonders wichtig ist, wenn Katastrophennachrichten und Medienaktionismus drohen, uns zu überfluten und uns von uns selbst weg ausschließlich auf die Geschehnisse im Außen, um uns herum auszurichten.

Verunsichernde und ängstigende Zeiten bedeuteten, und das macht die Arbeit mit der Aktiven Imagination im Besonderen deutlich, aber gleichzeitig auch die Möglichkeit, zu sich zu kommen und auf die schöpferischen und kompensatorischen Kräfte aus unserem Seeleninneren zu achten. In Träumen sowie in der Aktiven Imagination zeigt sich die kollektive und individuelle Situation zum einen anhand verarbeitender bildlicher Darstellungen des inneren und äußeren Geschehens, etwa wenn sie von Bedrohung, Verfolgung, Überwältigung oder Ausgeliefert-Sein handeln. Durch die Konstellation kollektiv-unbewusster Bilder aber ist auch ein Zugang zu entwicklungs- ja wachstumsfördernden Aspekten der Krise möglich. Ressourcen werden erlebt, Kreativität wird angeregt und Hoffnung und Zuversicht können entstehen. Der ureigene Weg durch die Krise wird Stück für Stück deutlich und wird z. B. durch innere Bilder des Heldenkampfes, des Fließens, Wachsens und Überwachsens, der Freundschaft etc. dargestellt.

Literatur

Dorst, B., Vogel, R. T. (Hg.) (2014). *Aktive Imagination. Schöpferisch leben aus inneren Bildern.* Stuttgart: Kohlhammer.

Helg, F. (2000). *Psychotherapie und Spiritualität.* Olten: Walter.

Hesse, H. (1919). *Demian. Geschichte einer Jugend.* Berlin.

Hesse, H. (1932). *Ein Stückchen Theologie.* In ders.: Mein Glaube. Frankfurt a. M.

Jung, C. G. (1990). *Briefe Bd. 1-3.* Olten: Walter.

Jung, C. G. (1995). *Gesammelte Werke Bd. 1-20.* Düsseldorf: Patmos.

Ralf T. Vogel
Prof., Dr.. Dipl.-Psych., Psychologischer Psychotherapeut, Psychoanalytiker und Verhaltenstherapeut. Er lehrt als Dozent u. a. am C. G. Jung-Institut München und als Universitätslehrbeauftragter. In Ingolstadt arbeitet er in privater Praxis für Psychotherapie und Supervision.

„Die Welt ist tief und tiefer als der Tag gedacht" (Nietzsche)

Selbst- und Welterkenntnis durch Symbole

Brigitte Dorst

Einleitung

Für C. G. Jung sind Symbole und ihre Besonderheiten von größter Bedeutung. So sagt er:

> Das Symbol, vom Standpunkt des Realismus betrachtet, ist keine äußere Wahrheit, aber es ist psychologisch wahr, denn es war und ist die Brücke zu den größten Errungenschaften der Menschheit.
> (Jung, GW 5, § 343)

Symbole sind für ihn „geformte Energien, Kräfte, das heißt determinierende Ideen, die einen ebenso großen geistigen wie affektiven Wert haben" (Jung, GW 6, § 425).
Und:

> Das Symbol ist immer ein Gebilde höchster komplexer Natur [...]. Das Ahnungsreiche und Bedeutungsschwangere des Symbols spricht ebensowohl das Denken wie das Fühlen an, und seine eigenartige Bildhaftigkeit, wenn zu sinnlicher Form gestaltet, erregt die Empfindung sowohl wie die Intuition. Das lebendige Symbol kann nicht zustandekommen in einem stumpfen und wenig entwickelten Geist [...].
> (Jung, GW 5, § 828)

So kritisiert er: „Auch die intelligenten Leute verstehen nicht mehr, wozu symbolische Wahrheit gut sein sollte." (Jung, GW 5, § 336)
Für Alfons Rosenberg (1902–1985), einen der kenntnisreichsten Vertreter der Symbolpsychologie des vorigen Jahrhunderts, ist es ebenfalls schmerzlich und bedauerlich, dass die Bedeutung der Symbole sich verringert

Dieser von C. G. Jung mit Symbolen und Text versehene quadratische Stein C. G. Jungs findet sich bei dessen Turm in Bollingen. (Foto: L. Müller)

hat. So klagt er über das Bewusstsein des heutigen Menschen:

> Mit seinen Augen nimmt er nur noch die Außenhaut der Dinge wahr, sie werden ihm nicht mehr zugleich zu Transparenten der geistigen Welt. Das Denken des Menschen ist so abstrakt geworden, daß es den Augenschein der Dinge nicht mehr bis zum Grund durchdringen kann.
> (Rosenberg, 1984, S. 1)

Rosenberg hat sich lebenslang bemüht um das, was er die Tiefenkenntnis der Symbole nannte, um Symbolik als ganzheitliche Erfahrung, denn „das Symbol schlägt alle Saiten des menschlichen Geistes zugleich an." (Rosenberg, 1984, S. 21).

Was ist ein Symbol?

Ein Symbol zu erklären, ist nicht leicht, denn zu seiner Besonderheit gehört, dass es sich aus verschiedenen Ebenen zusammensetzt, unter Umständen auch Gegensätze miteinander verbindet, wozu das begriffliche Denken der Ratio keinen Zugang hat. Ein Symbol weist über sich selbst hinaus, birgt eine Botschaft, die es zu entschlüsseln gilt. Im Symbol bekommt ein Ding oder ein Vorgang einen mehrdeutigen sinnhaften Bezug. Um was es geht, wenn wir uns auf Symbole einlassen, beschreibt Detlef-Ingo Lauf so:

Wir erreichen mit der Frage nach dem Symbolischen ein Gebiet, in dem die Kräfte der Intuition, der Deutung, des schöpferischen Erfassens und Lebens und der nicht wertenden, sondern betrachtenden Bildschau und Sinnerfahrungen eine hervorragende Bedeutung erlangen. Wir können also angesichts solcher nicht-rationaler Geistestätigkeiten nur einen Versuch unternehmen, unser Bewußtsein auf die sublime Realität und die verborgene und doch offenbare Wirksamkeit des Symbolischen hinzulenken.
(Lauf, 1976, S. 9)

Der Begriff Symbol, abgeleitet vom griechischen Wort sýmbolon, bezeichnete bei den alten Griechen ursprünglich ein besonderes Erkennungszeichen: Wenn Freunde oder Familienangehörige sich trennen mussten, zerbrach man eine kleine Tontafel, eine Münze oder einen Ring, und jeder behielt einen der beiden Teile. Wenn z. B. eine Nachricht geschickt werden sollte, wurde dem Boten die eine Hälfte mitgegeben und dann wurden die beiden Teile aneinandergefügt (symbállein = zusammenlegen, zusammenwerfen). So konnte sich der fremde Bote als vom Verwandten oder Freund geschickt ausweisen und wurde entsprechend gastlich aufgenommen.

In einem Symbol ging es ursprünglich also immer um etwas „Zusammengefügtes", „Verbundenes" (sym, von griech. syn: zusammen mit, gemeinsam, zugleich). Daraus entwickelte

sich das Verständnis, dass ein Symbol immer mit einem bestimmten geistigen Aspekt verbunden ist: „Im Äußeren offenbart es ein Inneres, im Körperlichen ein Geistiges, im Sichtbaren das Unsichtbare." (Lurker 1990, S. 20)

Das Wesentliche an Symbolen ist das Zusammentreffen von Objekt und Bedeutung. Sie sind „Zeichen, die mit ihrer Bedeutung zu einer inneren Einheit verschmolzen sind." (ebd.)

Zum Verständnis von Symbolen gehört ihre Abgrenzung von Zeichen. Zeichen haben eine eindeutige, durch Übereinkunft entstandene Bedeutung, die willkürlich und veränderbar ist. Sie vermitteln eine Information, wie etwa die Verkehrszeichen. Symbole dagegen verweisen auf eine tiefere Bedeutungsebene und repräsentieren eine nicht sichtbare Wirklichkeit, weshalb sie mit der Ratio allein nicht zu begreifen sind.

Sprache und Symbol

Unsere Sprache selbst ist ein akustisches Symbolsystem von Lautgebilden und verfügt zugleich über einen großen Schatz an symbolhaften Bildern und Ausdrücken, mit denen ein komplexer Sachverhalt sofort verständlich umschrieben werden kann. Dabei entstammen viele dieser Symbole der sinnlich wahrnehmbaren Welt. Der Körper mit seinen verschiedenen Körperteilen und Sinnen stellt eine ganz besondere Erfahrungsbasis dar. Was wir erleben, wie wir uns verhalten, ist etwas, das den ganzen Menschen betrifft, und so weist die symbolische Sprache eine Fülle von Bezügen zu sinnlichen Erfahrungen des Körpers auf, z. B.: „An diesem Problem habe ich mir die Zähne ausgebissen", „Das ist doch kein Beinbruch!", „Der Vorschlag hat weder Hand noch Fuß.", „Darüber habe ich mir den Kopf zerbrochen."

Der Hand kommt in vielen Wörtern und Ausdrücken eine besondere Symbolbedeutung zu, denn was wir mit den Händen ergreifen können, können wir be-greifen. So findet sich in der Symbolik der Sprache etwa: handeln, verhandeln, jemanden behandeln, etwas zu treuen Händen geben, handgreiflich werden, in die Hände von Feinden fallen, etwas unter der Hand regeln, die Hände über dem Kopf zusammenschlagen, jemandem sind die Hände gebunden.

Manche Redewendungen sind von erstaunlicher Hintergründigkeit, wie z. B.: „Das hat ihm den Lebensfaden abgeschnitten" oder „Schwein gehabt!" Das Abschneiden des Lebensfadens verweist auf die Aufgabe der Moiren, der Schicksalsgöttinnen in der griechischen Mythologie, und das Schwein ist ein altes Glückssymbol, das aufgrund seiner Fruchtbarkeit bei den alten Griechen und Römern für Wohlstand und Reichtum stand.

Das Symbolverständnis der Analytischen Psychologie

Im Verständnis der Analytischen Psychologie sind Symbole Mittler und Schlüssel zu den Tiefenschichten der Seele. Sie verbinden Bewusstes, Vorbewusstes, Unbewusstes und Überbewusstes. Sie sind Energiezentren und wirken ganzheitlich, d. h. Denken und Fühlen, Empfindung und Intuition können gleichzeitig angeregt und aktiviert werden. Dies ist mit neurophysiologischen Forschungsmethoden nachweisbar.

Warum berühren uns manche Träume, Bilder und Märchengeschichten so tief? Ihre Symbole mobilisieren und entbinden psychische Energie in Form von Gefühlen, verdichten, veranschaulichen, wecken unter Umständen frühere Erfahrungen und Erinnerungen, sind mit Erwartungen, Hoffnungen oder auch Ängsten und Befürchtungen verbunden, mit Liebe und Hass. Sie fördern den Dialog zwischen Bewusstem und Unbewusstem über das Erleben der Gefühle.

Immer sind Symbole mit seelischen Kräften aufgeladene Gebilde, die in der Lage sind, uns Wege zu weisen, verborgene Sinnbezüge zu entdecken, im Bezug zu aktuellen Lebenssituationen ihre Deutungskraft ins Spiel bringen. C. G. Jung betont: „Das Symbol ist nur lebendig, solange es bedeutungsschwanger ist". (Jung, GW 6, § 821)

Aus Sicht der Analytischen Psychologie sind Symbole vor allem Projektionsträger für unbewusste seelische Inhalte. Wenn etwa im Traum ein Baum Blätter verliert und abzusterben droht, kann dies ein Hinweis auf eine innere seelische Not und einen kritischen Zustand des Träumers oder der Träumerin sein. Symbole sind zu verstehende Aussagen des Unbewussten und tragen als Bilder Botschaften an das Bewusstsein heran.

Alle Formen von Symbolarbeit dienen der Bewusstseinserweiterung, sie lassen die unbewussten Bedeutungsaspekte eines Symbols, das in der Fantasie auftaucht oder im Äußeren erlebt wird, ins Bewusstsein treten. Symbole leisten Erweiterung, Vertiefung und Intensivierung des Bewusstseins, weil das Unbewusste mit anklingen kann.

Viele Symbole haben ihre Bedeutung und ihren Sinn über die Grenzen von Raum und Zeit hinweg, entspringen einem Wurzelgrund an kollektiver Erfahrung. Als „Ursymbole", wie C. G. Jung sie zunächst nannte, sind sie Manifestationen und Konzentrierungen von Archetypen, d. h. präformativen Energiezentren im Bereich des Kollektiven Unbewussten, die als solche unanschaulich sind. Sie bestimmen aber – etwa im Traum – das Auftauchen von Inhalten und Bildern. Ursymbole wie die Sonne, der Berg, der Weg, das Labyrinth, die Elemente Feuer, Wasser, Luft und Erde sind ursprüngliche Menschheitserfahrungen und zugleich Symbole von inneren Erfahrungen und Emotionen.

Im Symbol wird eine geistige Wirklichkeit erfahrbar, letztlich die Einheit des unus mundus, wie Jung sie nannte. Daher geht es im Umgang mit Symbolen – in Imaginationen, Kunstwerken oder Ritualen, also in Manifestationen aus der Umwelt oder der Innenwelt – um die Tiefenschichten der Psyche und die darin enthaltene Erkenntnis, um die geistige Welt, die im Prozess der Evolution des Menschen entstand.

Der psychotherapeutische Zugang zu Symbolen steht in der Analytischen Psychologie vor allem unter der Fragestellung, welche Hinweise zur gegenwärtigen Situation, zur lebensgeschichtlichen Problematik, zum Selbstverständnis eines Menschen und zu seiner Entwicklung die im persönlichen Erleben eines Menschen auftretenden Symbole geben. Sich auf die Welt des Symbolischen einzulassen, erlaubt der schöpferischen Fantasie, das rational nicht Logische, Irrationale miteinzubeziehen. So kann die Fantasie auch bei Problemen spontane Lösungsvorschläge hervorbringen, die befreiend wirken. Symbole sind Wegweiser auf dem Weg der Selbstwerdung, der Individuation – ein zentrales Konzept der Analytischen Psychologie.

Zugänge zur inneren Welt der Bilder und Symbole zu schaffen und sie für Prozesse der Heilung und Selbstwerdung zu aktivieren, ist ein

Imagination

Labyrinth in der Kathedrale von Chartres (wikimedia.org)

wesentlicher Teil der Arbeitsmethoden der Analytischen Psychotherapie. Durch die Arbeit an und mit den Symbolen in der Therapie werden heilende und schöpferische Kräfte angeregt. „Am Symbol werden unsere ganz speziellen aktuellen Schwierigkeiten sichtbar, aber auch unsere ganz besonderen Lebens- und Entwicklungsmöglichkeiten." (Kast, 1990, S. 40)

Unabhängig davon, auf welche Weise mit Symbolen gearbeitet wird, z. B. in der Traumdeutung, der Aktiven Imagination, beim Malen und Gestalten von Symbolen oder beim Symbolerleben in Bildern, Märchen und Mythen – entscheidend ist der emotionale Bezug. Man muss in einen intensiven Gefühlskontakt mit den Symbolen treten, nur dann wirken Bilder und Symbole belebend, fördern sie den seelischen Energiefluss, ermöglichen sie Klärung, Bewusstseinserweiterung und Ablösung von Komplexkonstellationen.

Die symbolische Einstellung
Wie gewinnen Symbole über das Zeichenhafte hinaus ihre Wirksamkeit? Was ist das Geheimnisvolle und Besondere der Symbole? In der Fähigkeit zu sinnhaften inneren Bildern liegen die Ursprünge seelischer Erfahrung. Ehe die Menschen in Begriffen denken lernten, dachten sie in Bildern. Sobald ein Gegenstand, eine Handlung oder ein Ereignis eine existenzielle Bedeutung bekommt, sind seelische Reaktionen, Emotionen im Spiel – und diese werden über Symbole vermittelt. Die besondere Fähigkeit des menschlichen Geistes, sich in Symbolen auszudrücken und so Welt- und Selbsterfahrung mit Bedeutung zu besetzen, gehört daher zu den wichtigsten Errungenschaften im Prozess der Evolution.

Wo auch Symbole uns begegnen – in den Träumen, in der Kunst, in der Symbolik von Farben und Formen, in Mythen und Märchen, in der Religion und ihren rituellen Handlungen, bei Festen, Tauffeiern, Hochzeiten und Beerdigungen –, immer geht es um die menschliche Symbolisierungsfähigkeit bzw. eine symbolische Einstellung, von der C. G. Jung sagt, sie ist „Ausfluß einer bestimmten Weltanschauung, welche nämlich dem Geschehen, sei es im

Großen oder Kleinen, einen Sinn beimißt [...]." (GW 6, § 824) Die symbolische Einstellung entspricht Jungs Konzept der „Transzendenten Funktion". Es gilt, hinter dem Vordergründigen das Hintergründige, Bedeutungshaltige und Sinnhafte zu entdecken.

Symbolamplifikation und -erschließung

Zur therapeutischen Arbeit mit Symbolen und zum Verständnis ihrer Bedeutungsvielfalt und Komplexität reicht die einfache freie Assoziation nicht aus. Jung, in dessen Gesamtwerk die vergleichende Symbolerforschung einen breiten Raum einnimmt, empfiehlt daher die ausführliche Untersuchung eines Symbols, die er „Symbolamplifikation" genannt hat.

Bei der Amplifikation eines Symbols werden stimmige und erhellende Verbindungen zu universalen Vorstellungen und Bildern gesucht, sodass es in seiner Bedeutungsvielfalt erkennbar wird. Es geht um den Vergleich von literarischen, religions- und kulturspezifischen Aspekten, besonders auch um das Herausarbeiten von Ähnlichkeiten und verwandten Aussagen in Märchen, Mythen, Religionsgeschichte, Literatur und Kunst. Die Amplifikation führt zunächst die Vieldeutigkeit von Symbolen vor Augen, ebenso kann es auf diese Weise gelingen, den Zugang zum archetypischen Kern eines Symbols mit seinen existenziellen, menschlichen Grundthemen zu finden. Dann geht es darum, die jeweils spezifische Bedeutung eines Symbols, das etwa in einer Aktiven Imagination aufgetaucht ist, in seiner aktuellen und subjektiven Bedeutung für den jeweiligen Menschen deutend zu erfassen.

Zur Symbolerschließung empfiehlt sich ein Phasenmodell von fünf Schritten (Dorst 2015, S. 31 ff.). Dabei ist das Wichtigste zunächst, in lebendigen Fühlkontakt mit dem Symbol zu treten, sich mithilfe der Ich-Funktionen Denken, Fühlen, Empfinden und Intuieren wirklich einzulassen auf das Geheimnisvolle eines Symbols, das etwa in einem Traum oder einer Aktiven Imagination aufgetaucht ist.

Die fünf Phasen sind:

- Sich-Einstimmen, In-Fühlkontakt-Treten mit dem Symbol,
- Erkunden des Bedeutungsumfelds des Symbols durch Amplifikation,
- Kreatives Erfahren und Gestalten des Symbols z. B. durch Malen, Arbeit mit Ton, Schreiben,
- Deutung, Einsicht, Erkenntnis, Zugang zum Archetypischen,
- Transfer der Einsichten und Suche nach dem Bezug zur gegenwärtigen Lebenssituation.

Schluss

Was ich versucht habe, über das Symbol zu sagen, lässt sich zusammenfassen in einem Satz von Paul Ricoeur: „Das Symbol öffnet und entdeckt eine Erfahrungsdimension, die ohne das Symbol verriegelt und unerkannt bliebe." (Ricoeur, 1988, S. 190).

Literatur

Dorst, B. (2010). *Lebenskrisen. Die Seele stärken durch Bilder, Geschichten und Symbole.* Mannheim: Walter.

Dorst, B. (2015). *Therapeutisches Arbeiten mit Symbolen. Wege in die innere Bilderwelt.* Stuttgart: Kohlhammer.

Dorst, B., Vogel., R. T. (Hg.) (2014). *Aktive Imagination. Schöpferisch leben aus inneren Bildern.* Stuttgart: Kohlhammer.

Jung, C. G. (2011). *Gesammelte Werke (GW). 20 Bde.* Ostfildern: Edition C. G. Jung im Patmos Verlag.

Kast, V. (1990). *Die Dynamik der Symbole. Grundlagen der Jung'schen Psychotherapie.* Olten: Walter.

Lauf, D. - I. (1976). Frankfurt am Main: Insel.

Lurker, M. (1990). *Die Botschaft der Symbole. In Mythen, Kulturen und Religionen.* München: Kösel.

Ricoeur, P. (1988). *Symbolik des Bösen.* Freiburg im Breisgau, München: Alber.

Rosenberg, A. (1984). *Einführung in das Symbolverständnis.* Freiburg im Breisgau: Herder.

Brigitte Dorst
Prof. Dr. phil., Dipl.-Psych., Jung'sche Analytikerin und Psychotherapeutin in eigener Praxis, Lehranalytikerin am C. G. Jung-Institut Stuttgart, bis 2017 Wissenschaftliche Leiterin der Internationalen Gesellschaft für Tiefenpsychologie e.V., Leiterin des Sophia-Zentrums, Zentrum für Meditation und Spirituelle Psychologie in Münster.

Imagination

Lügen, Wahn, Verblendung ...

Die Schattenseiten der Fantasie
in der *Unendlichen Geschichte* von Michael Ende (2)

Der Werwolf Gmork
(Foto aus dem gleichnamigen Film von
1984, Regie: Wolfgang Petersen)

Der Werwolf Gmork, der in der Spukstadt im Gelichterland wohnt, weist Atreju, den indianischen Freund, Begleiter und Schattenbruder Bastians, darauf hin, was aus den Wesen Phantásien wird, wenn sich Phantásien ganz ins „Nichts" aufgelöst hat.

„Sie werden zu Wahnideen in den Köpfen der Menschen, zu Vorstellungen, der Angst, wo es in Wahrheit nichts zu fürchten gibt, zu Begierden nach Dingen, die sie krank machen, zu Vorstellungen der Verzweiflung, wo kein Grund zum Verzweifeln da ist."
„Werden wir alle so?", fragte Atréju entsetzt.
„Nein", versetzte Gmork, „es gibt viele Arten von Wahn und Verblendung, je nachdem, was ihr hier seid, schön oder hässlich, dumm oder klug, werdet ihr dort zu schönen oder hässlichen, dummen oder klugen Lügen. [...] Und nichts gibt größere Macht über die Menschen als die Lüge. Denn die Menschen, Söhnchen, leben von Vorstellungen. Und die kann man lenken. Diese Macht ist das Einzige, was zählt."
„Ich will nicht daran teilhaben!", stieß Atréju hervor.
„Nur ruhig, kleiner Narr", knurrte der Werwolf, „sobald die Reihe an dich kommt, wirst auch du ein willenloser und unkenntlicher Diener der Macht. Wer weiß, wozu du ihr nützen wirst. Vielleicht wird man mit deiner Hilfe Menschen dazu bringen zu kaufen, was sie nicht brauchen, oder zu hassen, was sie nicht kennen, zu glauben, was sie gefügig macht, oder zu bezweifeln, was sie erretten könnte. Mit euch, kleiner Phantásier, werden in der Menschenwelt große Geschäfte gemacht, werden Kriege entfesselt, werden Weltreiche begründet ..."

(Ende, Die unendliche Geschichte, S. 147 f.)

„Mundus vult decipi" – Die Welt will betrogen sein ..."
Fake-News und Alternative Fakten

Mit dem letzten amerikanischen Präsidenten und seinen immer wieder beschworenen und getwitterten „Fake-News" und „Alternativen Fakten" ist offensichtlich geworden, was im Bereich der Politik, der Wirtschaft, der Ideologien und der Medien schon immer gewusst wurde: Es geht nicht um Wahrhaftigkeit, Humanität, Redlichkeit und Verlässlichkeit, sondern vor allem um Macht und Machterhalt, Geld, Narzissmus, Manipulation, Täuschung, Massenbeeinflussung und illusionäre Versprechungen, die durch eine mehr oder weniger dreiste Lenkung von Ängsten, Hoffnungen und Fantasien geschieht. Nach einer Zählung der *Washington Post* hat der US-Präsident im Jahre 2019 die Grenze von 10.000 falschen und irreführenden Behauptungen während seiner etwas mehr als zwei Jahre dauernden Amtszeit überschritten. Twitter- und Facebook-Beiträge von ihm wurden gelöscht, weil die Betreiber dieser Internet-Plattformen, die sich ansonsten für größtmögliche Meinungsfreiheit einsetzen, keine irreführenden Meldungen bringen wollten.

Aber das beeindruckt weder den Präsidenten noch seine Anhänger. Ein Präsident darf lügen, ja, er muss lügen, er darf alles sagen, was seine Macht festigt, zumal dies auch frühere und gegenwärtige politische, ideologische und religiöse Machthaber schon überall und immer auf der Welt getan haben. Und auch die öffentlichen Medien dramatisieren, unterstellen, verdächtigen, vereinseitigen, unterschlagen und verfälschen zur Erhöhung ihrer Verkaufszahlen – wie überhaupt auch alle Menschen täuschen und lügen, z. B. um ihren Fortpflanzungserfolg zu erhöhen. Täuschen und Lügen sind bewährte Strategien der Evolution bis ins Tierreich hinein.

Und auch unsere Sinne, unser Gedächtnis und Gehirn stellen keineswegs „objektive" Tatsachen dar: Wir alle fantasieren uns – z. B. mit Hilfe der bekannten pschodynamischen Abwehrmechanismen und Bewältigungstrategien – eine sehr subjektive Weltsicht zusammen, in der wir möglichst konfliktfrei überleben können. So brachte es schließlich der Konstruktivist und Philosoph Heinz von Foerster auf den Punkt: „Wahrheit ist die Erfindung eines Lügners." (vgl. dazu Jung-Journal Heft 39, Lüge und Wahrheit)

Was wisst ihr davon, was könntet ihr davon wissen, wieviel List der Selbst-Erhaltung, wieviel Vernunft und höhere Obhut in solchem Selbst-Betruge enthalten ist – und wieviel Falschheit mir noch nottut, damit ich mir immer wieder den Luxus meiner Wahrhaftigkeit gestatten darf? [...] das Leben ist nun einmal nicht von der Moral ausgedacht: es will Täuschung, es lebt von der Täuschung.
(F. Nietzsche, Menschliches, Allzumenschliches, 1878, S. 1)

Imagination und Neurobiologie

Bernd Leibig

Foto: raisondtre (346042535, AdobeStock)

Das Gehirn als offenes und geschlossenes System

Imaginationen und innere Vorstellungen finden im Kopf und im gesamten Körper statt, und sie stehen in ständiger wechselseitiger Resonanz miteinander. Beginnen wir mit dem Kopf.

Das Gehirn zeichnet sich durch seine enorme Komplexität aus. Allein die Anzahl der Neuronen, die für die Erregungsübertragung zuständig sind, bewegt sich im Bereich von 100 Milliarden. Da die Neuronen durch vielfältige Verknüpfungen (ungefähr 10.000 Kontakte pro Neuron) miteinander verbunden sind, ergibt sich eine Anzahl von vielen Trillionen von Synapsen, wie die Schaltstellen von zwei Neuronen genannt werden.

Das Gehirn ist ein offenes und ein geschlossenes System gleichzeitig. Aufgrund der hohen Komplexität des Systems und der nicht linearen, chaotischen Dynamik des Informationsflusses ist es ein offenes System. In einem nicht linearen System lässt es sich nie ganz genau vorher bestimmen, welche Zustände als nächstes erscheinen werden. Es lässt sich nie genau voraussagen, ob sich aus Zustand A wirklich Zustand B entwickeln wird.

Neurobiologisch betrachtet sind Imaginationen Bewusstseinszustände des Gehirns. Da unser Gehirn eine nicht überschaubare Zahl von Verbindungen und Konnektivität der neuronalen Verschaltungen hat, bestehen durch die dadurch erzeugte Komplexität des Gehirns hohe Freiheitsgrade für die Entwicklung von Imaginationen. Wenn wir uns in einem Augenblick eine blühende rote Rose vorstellen, wissen wir nicht, wohin sich dieses Bild im nächsten Moment entwickeln wird. Der nachfolgende Bewusstseinsbildzustand kann eine verwelkte Rose sein oder es kann zum Schwelgen im Bild von 100 roten Rosen kommen oder das nachfolgende Bild hat gar nichts mehr mit Rosen zu tun. Nicht nur die Gedanken sind frei, auch die Bewusstseinszustände sind frei.

Diese Offenheit des Hirnsystems mit seiner Unbestimmbarkeit bildet die Basis für Kreativität, für Neuerungen, für neue Anschauungen und Bilder. Das macht das Leben ja auch interessant, dass nicht alles vorherbestimmt ist. So kann durch Imaginationen viel Neues geschehen. Dysfunktional gewordene Gefühlsmuster oder Muster, wie wir bisher die Welt und Beziehungen interpretierten, können durch Imagination erweitert und verändert werden. Die Offenheit des Gehirns gibt die Möglichkeit für Neues und für Unerwartetes.

So ist das Gehirn hinsichtlich der zu treffenden Entscheidungsprozesse einerseits ein offenes System. In anderer Hinsicht ist es ein sehr geschlossenes System. Es ist nicht nur geschlossen, weil es in den knöchernen Schädel eingebettet ist, welcher das Gehirn schützt. Es ist vor allem ein geschlossenes System, weil es selbstreferenziell ist.

Das bedeutet, das Gehirn bezieht sich vor allem auf sich selbst. Es bekommt seine Inputs im Wesentlichen von sich selbst. So werden in der primären Sehrinde im Hinterhaupt, wo die weitergeleiteten neuronalen Erregungen der Netzhaut des Auges ankommen, nur zehn Prozent der dort ansässigen Synapsen wirklich durch diese visuellen Signale erregt. Alle anderen Synapsen, wohlgemerkt in der Sehrinde, in der es ja primär um das Sehen geht, sind mit Assoziationen, Interpretationen und Vergleichen beschäftigt.

Das geht ungefähr nach folgendem Muster vor sich: Kenne ich die Eindrücke, die ich gerade sehe, schon? Sind sie interessant oder kann ich sie vernachlässigen oder könnten sie gefährlich sein? Wolf Singer fasst dies so zusammen: „Hoch entwickelte Gehirne beschäftigen sich vorwiegend mit sich selbst und verarbeiten die ungeheure Menge von Informationen über die Welt, die in ihrer Architektur gespeichert ist."

Das Gehirn hat mit sich selbst genug zu tun

Für den Umgang mit Imaginationen ist diese Selbstbezogenheit des Gehirns von Vorteil, denn wir wollen durch Imaginationen ja zu den inneren Anliegen unseres Selbst einen Zugang finden. Ähnlich wie in Träumen ist in Imaginationen ein Zugang zum Unbewussten möglich, der nicht so sehr von äußeren Ereignissen beeinflusst ist. Natürlich gehen die äußeren Umstände mit ein in die Erzeugung von Imaginationen. Wir kennen bei Träumen das Phänomen der Tagesreste, die mehr oder weniger verändert, einen Teil des Traumgeschehens mitgestalten.

So ist es auch bei Imaginationen. Erinnerungen, Gedanken, Haltungen und Wertevorstellungen, die wir uns im Laufe der Jahre zu eigen gemacht haben, tauchen auch in den Imaginationen auf. Und dennoch bleibt durch die systemimmanente Kreativität des Hirnsystems genug Freiraum, um zu inneren, bisher noch nicht gekannten Bildern unseres Selbst zu gelangen. Das Gehirn ist als „Bilder erzeugendes Organ", wie Gerald Hüther es nennt, geradezu prädestiniert für Imaginationen.

Bei der normalen visuellen Wahrnehmung werden, von der Netzhaut des Auges kommend, zunächst Teile des Zwischenhirns, dann das primäre Sehzentrum im Hinterhaupt erregt. Von dort werden die neuronalen Impulse an die höheren Zentren im Scheitel- und Schläfenhirn weitergeleitet. Man nennt dies einen Bottom-up-Prozess, von unten nach oben.

Ein wichtiges Charakteristikum dabei ist, dass es sich meistens um wechselseitige, rekursive Prozesse handelt. In den meisten Fällen werden Rückmeldeschleifen zu tieferen Hirnzentren genutzt.

Beim Betrachten eines Stuhles prüft eine Rückmeldeschleife zum prämotorischen Kortex, ob eine Bewegung notwendig ist, wenn ich den Stuhl erkenne. Muss ich darum herum laufen, um nicht anzustoßen, oder will ich mich gleich daraufsetzen?

Andere Schleifen laufen etwa zur Amygdala, die prüft, ob es sich um einen gefährlichen Stuhl handelt. Wieder andere rekursive Signale gehen an die Bewertungszentren im präfrontalen Cortex: Gefällt mir der Stuhl in ästhetischer Hinsicht oder muss ich ihn unter ökologischen Gesichtspunkten kritisch sehen, weil er aus nicht kompostierbarem Plastik oder aus Tropenholz ist. Solche Gedanken macht sich das Gehirn ständig beim Betrachten von alltäglichen Gegenständen.

Dominanz des Unbewussten

Da dies ein ziemlich aufwendiges Verfahren ist und die Kapazität der Informationsverarbeitung der bewussten Großhirnrinde überfordern würde, hat es die Evolution so eingerichtet, dass der allergrößte Teil dieser Informationen unbewusst bleibt. Erst wenn irgendwelche Auffälligkeiten, Abweichungen vom Gewohnten oder Neuigkeiten im Gehirn verzeichnet werden, schaltet sich die Großhirnrinde ein, und die Informationen werden bewusst. Denn nur neuronale Erregungen, die unseren Kortex erreichen, führen zu bewusstem Erleben. Alles Andere, und das ist der größte Teil neuronaler Signale, bleibt vollkommen unbewusst.

Gerhard Roth, ein bekannter Hirnforscher aus Bremen, beziffert das Verhältnis von bewussten zu unbewussten Prozessen mit einer Größenordnung von $1:10^6$. Das bedeutet: Auf eine bewusste Informationseinheit kommen jeweils eine Million unbewusste Informationen.

Diese Befreiung des Bewusstseins vom Alltagskram schafft Platz zur Wahrnehmung wichtigerer geistiger Prozesse. Dies ist auch dringend notwendig, da unser Arbeitsspeicher eine recht begrenzte Kapazität hat und seine Fähigkeiten bereits ab dem 30. Lebensjahr leicht zurückgehen.

Von den Neuronen der Sehrinde ist also nur der kleinste Teil mit der eigentlichen Abbildung des physiologischen Sehens beschäftigt. Der ganz überwiegende Teil der „Sehneuronen" beschäftigt sich mit den geschilderten rekursiven Prozessen, die den Vergleich, die Prüfung, die Erinnerung und die Handlungsplanung ermöglichen. Man bezeichnet dies als Top-down-Prozesse: Neuronale Prozesse in Regionen, welche in der Hierarchie der Hirnarchitektur höher liegen, senden ihre Signale an tiefer liegende Areale und Hirnkerne. Johann Caspar Rüegg schreibt hierzu:

Bei der Rekonstruktion eines geistigen Abbildes aus der Erinnerung (wird) die Information von den höheren visuellen Zentren im Sinne einer ´Top-down-Prozessierung´ zu den 'tieferen' sensorischen Arealen zurückgeleitet, etwa wenn wir uns ein vertrautes Gesicht vorstellen, obschon die Netzhaut überhaupt nicht stimuliert wird. Dabei werden dieselben Areale des Gehirns aktiviert, die auch beim passiven Betrachten eines Bildes erregt werden. (Rüegg, 2006, S.16 f.)

Amygdala an Hippocampus

Wir können uns diesen Vorgang etwa so vorstellen: Die Sehrinde sendet eine Botschaft an die Amygdala: Ich sehe ein Gesicht. Ich kann aufs Erste nicht beurteilen, ob es zu einem Menschen gehört, der mir real gegenüber steht, oder ob die Informationen, die zum Eindruck dieses Gesichtes führen, aus meiner Erinnerung kommen, oder ob der ganze Prozess der Gesichtserkennung aus meiner Imagination kommt. Ich weiß auch noch nicht so recht, was ich davon halten soll.

Die Amygdala antwortet: Ich frage meinen benachbarten Hippocampus (der für die Gedächtnisspeicherung zuständig ist): Kennst Du dieses Gesicht oder sind dir vergleichbare Gesichter aus anderen Kontexten bekannt? Dann prüfe ich als Amygdala den emotionalen Gehalt des Gesichtes (gefährlich, freundlich, unbedeutend), und ich gebe Meldung nach oben ins Bewusstsein (bottom-up). Dies geschieht für den Fall, dass der prämotorische Kortex aktiv werden muss, um Bewegungen (Flucht, ausweichen, Angreifen oder freundliches Zugehen) einzuleiten. Nach unten gibt die Amygdala Botschaften ins Vegetativum (top-down).

Bei beruhigenden Gesichtern kann Entspannung erfolgen. Es folgt eine Lockerung des Muskeltonus, eine Erweiterung der Gefäße, eine Verlangsamung des Herzschlags und der Atemfrequenz.

Bei ängstigenden Signalen wird das Vegetativum in Bereitschaftsstellung versetzt. Dann erfolgt eine Erweiterung der Pupillen, Adrenalin wird verstärkt produziert, die Muskulatur wird angespannt, Herzschlag und Atmung werden schneller.

Wir haben die Wahl

Top-down-Prozesse werden in der Imagination genutzt. Bildliches Denken – und Imagination ist zunächst nichts anderes als bildliches Denken – aktiviert die bereits vorhandenen Verschaltungsmuster zu den verschiedenen Hirnzentren. Dies sind u. a. der assoziative Kortex, der handlungsplanende und bewertende präfrontale Kortex, das an der Emotionssteuerung wesentlich beteiligte limbische System und auch die motorische Rinde.

Untersuchungen mit bildgebenden Verfahren lassen erkennen, dass bei visuellen Imaginationen die gleichen Areale der Sehrinde aktiviert werden wie beim realen Betrachten äußerer Objekte. Durch die vielfältigen Verschränkungen gerade auch mit dem limbischen System können Top-down-Prozesse die Emotionalität erheblich beeinflussen. Es gibt kein Denken ohne Fühlen und es gibt auch keine Imagination ohne Gefühle.

Durch Steuerung unserer Aufmerksamkeit können wir uns manchmal mehr auf die bloße Betrachtung des Bildes konzentrieren. Dies wird in manchen Formen der Meditation versucht, um sich von den autonom ablaufenden Bewertungsprozessen ein Stück weit zu distanzieren. Innere Bilder können diesen Prozess unterstützen, wenn wir uns z. B. ziehende Wolken am Himmel vorstellen, die unsere Gefühle und Haltungen in die Weite entschweben lassen.

Wenn wir andererseits wissen wollen, was ein Bild mit uns macht, wie es uns anspricht, dann nutzen wir den im Hintergrund laufenden vernetzten Prozess der neuronalen Verschaltungen mit dem limbischen System, und wir fühlen die emotionale Qualität der Imagination.

Das funktioniert in positiver wie in negativer Richtung: Wir können uns das wärmende Bild der Geliebten am Strand im Sonnenuntergang vorstellen. Oder wir können uns in der Erinnerung verletzende, traumatisierende, beschämende Bilder vorstellen. Je häufiger wir dies tun, umso stärker werden die beruhigenden oder auch die beunruhigenden Bilder wirksam.

Wir wissen, dass die vom Neocortex absteigenden Bahnen bis zum Hypothalamus und bis zur Medulla oblongata reichen, einem vegetativen Zentrum, in dem auch der Blutdruck geregelt wird. Über solche intensive psychosomatische Wechselwirkungen werden Änderungen der Hautdurchblutung, der Herzfrequenz möglich, bis hin zur Beeinflussung des Immunsystems. Es ist also durchaus möglich, dass durch Psychotherapie und Imagination eine positive Beeinflussung der Selbstheilungskräfte erreicht wird.

In der Aktiven Imagination nach C. G. Jung nutzen wir die in unserer Natur vorgegebene Möglichkeit der Top-Down-Organisation neuronaler Prozesse. Sie greift tief in die vegetativen Zusammenhänge ein und ist eine hervorragende Möglichkeit, vom Bewussten zum Unbewussten zu gelangen.

Imagination, Placebo, Suggestion

In den letzten Jahren hat die Placeboforschung uns ins Bewusstsein gerufen, welche erhebliche Auswirkung auf Körper und Seele Scheinmedikamente haben. Placebokontrollierte Studien dienen dazu herauszufinden, wie stark ein echtes pharmakologisches Medikament (Verum) im Verhältnis zu einem Scheinmedikament in Form von inhaltsleeren Kügelchen oder Spritzen wirkt. Dabei zeigt sich manchmal, dass Placebos fast gleich starke Effekte erzielen wie die eigentlichen Medikamente.

Das lateinische Wort „placebo" bedeutet: „ich werde gefallen." Das ist ein Hinweis darauf, dass die Zukunftserwartung bei den gegenwärtigen heilenden Effekten eines Medikamentes eine Rolle spielt. Unsere Psyche stellt eine Kausalität her zwischen der Einnahme eines Stoffes und der gewünschten und erwarteten Wirkung. Wenn mir etwas gefällt, so ist mein inneres Motivationssystem sowohl mit der Belohnungserwartung wie auch mit der Wirkungserwartung aktiviert.

In einer placebokontrollierten Studie zur Wirksamkeit eines Medikaments (Lorantadin) gegen die Symptome von allergischen Erkrankungen verminderte das Verummedikament die Symptome um 50 % und das Placebo um immerhin 40 %. Das kann der Pharmaindustrie nicht recht sein, denn der Einsatz von Placebos, deren Herstellungskosten kaum der Rede wert ist, bringt keinen wesentlichen pekuniären Gewinn.

Bekannt ist auch, dass allergische Reaktionen, etwa bei einer Allergie gegen Rosen, bereits durch das Wort „Rose" ausgelöst werden können oder durch das Anschauen einer Plastikrose. Dies weist darauf hin, wie unser Im-

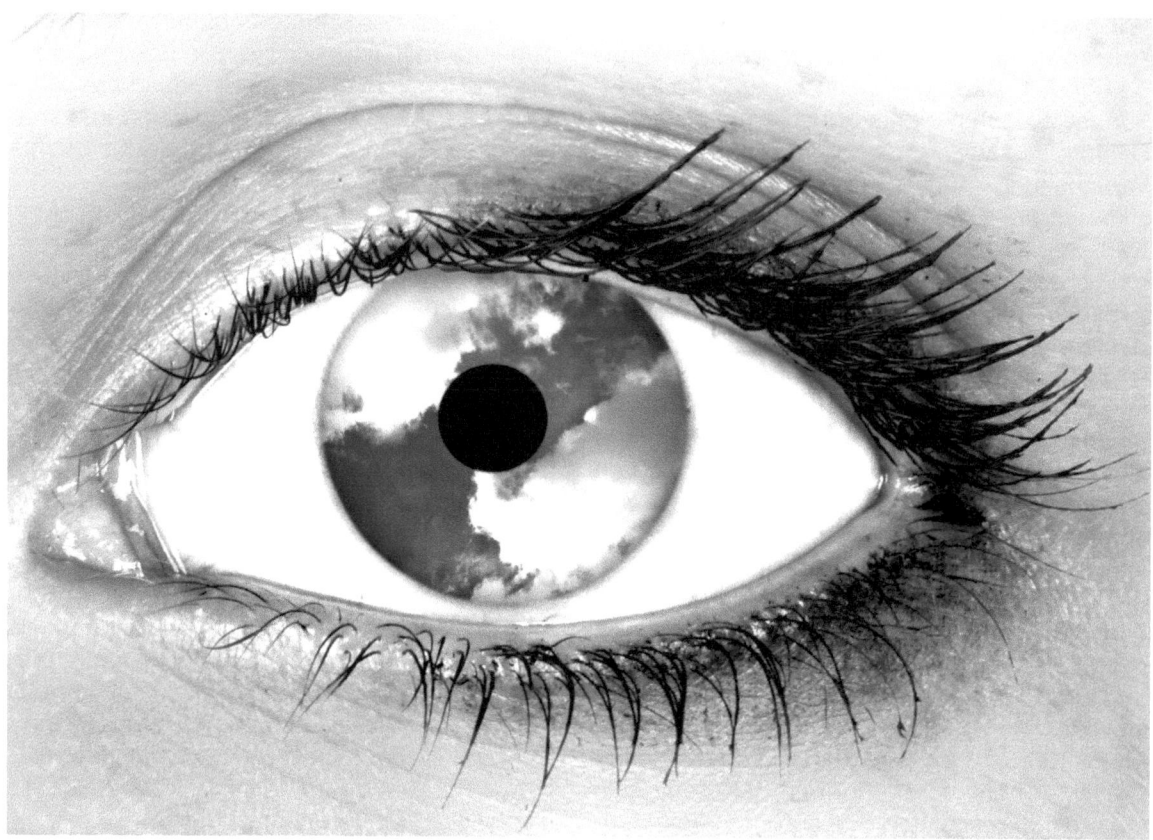

Dieses Foto ist einem berühmten Bild von R. Magritte nachempfunden, das ein Auge zeigt, in dem sich der Himmel spiegelt und das „false mirror" betitel wurde. Es kann uns z. B. mit der Frage konfrontieren, ob wir den Himmel. die Welt usw. wirklich so sehen, wie sie sind, oder ob sie uns nur so erscheinen, wie Auge und Gehirn sie in uns entstehen lassen? Ist überhaupt alles, was wir erleben können, gar nicht die „Wirklichkeit", sondern eine virtuelle Imagination unseres Gehirn?

munsystem auf alle Einflüsse reagieren kann, sowohl physikalisch-physiologische, als auch auf emotionale Einflüsse. Imaginationen und Suggestionen haben also Auswirkungen bis tief in unsere Körperlichkeit.

Es hilft auch ohne Glauben

Placebos werden heute auch eingesetzt, um unser Immunsystem so zu „überlisten", dass erhebliche Mengen des Verummedikaments eingespart werden können.

Das Immunsystem ist, wie unser Gehirn, ein Gedächtnissystem, das auf alle Reize reagiert. So wurden in Versuchen bei der Behandlung einer systemischen Erkrankung (Erythematodes) ein immunsuppressives Medikament gleichzeitig mit übel schmeckendem Lebertran gegeben. Nach dieser Konditionierung konnte im Laufe der Zeit die Hälfte des Medikaments eingespart werden, da bereits der schlechte Geschmack dem Immunsystem

suggerierte, dass das eigentliche Medikament (Zyclophosphamid) verabreicht wurde.

Wir wissen durch entsprechende Untersuchungen heute, dass wirksame Placeboeffekte sogar auch dann zu verzeichnen sind, wenn die Patienten bzw. Probanden in aller Deutlichkeit darüber aufgeklärt werden, dass ihnen eine wirkstofffreie Tablette oder Saft verabreicht wird.

Das erinnert an die Anekdote, die man sich von Niels Bohr, der ja die Entwicklung der Quantentheorie wesentlich geprägt hat, erzählt: Er brachte über der Eingangstür seines Hauses ein Hufeisen als Glückssymbol an. Von seinen Freunden wurde er erstaunt gefragt, ob er als rationaler Wissenschaftler denn daran glaube. Bohr antwortete: Natürlich glaube ich nicht daran. Aber man sagt, es wirke auch, wenn man nicht daran glaube.

Das wirft die Frage auf, was die körperliche Basis für Placeboeffekte sein könnte.

Ein wesentlicher Teil unserer inneren Motivationen wird vom Belohnungssystem im Gehirn gesteuert. Das Erreichen von Zielen, z. B. Anerkennung, Liebe, aber auch auf physiologischer Ebene das Stillen von Hunger, führt zur Zufriedenheit und Beruhigung und auch zum Abbau von innerem Stress.

Genau so wichtig wie die Erfüllung des angestrebten Zieles ist auch die Erwartung, dass sich der wünschenswerte Zustand bald einstellt, weshalb man auch von einem Belohnungserwartungssystem spricht. Die motivierende Kraft wird schon daraus gespeist, dass ich hoffe, belohnt zu werden, wenn ich mich anstrenge oder konsequent bin oder etwas besser gemacht habe.

Die dargestellten Effekte auf der Ebene des Immunsystems weisen darauf hin, dass es nicht nur ein Belohnungserwartungssystem im Gehirn gibt, sondern auch eine Wirkungserwartung auf tiefer körperlicher Ebene.

Durch verschiedene Botenstoffe und neuronale Verschaltungen sind unser Gehirn, die Psyche und das Immunsystem in enger gegenseitiger Wechselwirkung im Sinne von psychosomatischer und somatopsychischer Resonanz.

Auf dieser untrennbaren körperlich-geistigen Basis können Suggestionen, Glaubensvorstellungen und innere Überzeugungen sich positiv auf unsere Gesundheit auswirken. Allerdings können sie sich auch negativ auswirken, denn zugrunde liegt ja eine Wechselwirkungsschleife. Dies mag sich z. B. bei übermäßigen Ängsten und Krankheitsvorstellungen äußern, die dann auf somatischer Ebene zu Erkrankungen führen. Man spricht dann von einem „Noceboeffekt".

Den Imaginationen liegt also eine evolutionäre archetypische Dimension zugrunde. Wir sind von unserer Natur darauf angelegt, Imaginationen zu haben. Das Gehirn bildert ununterbrochen. Das geschieht auf körperlicher Ebene vollkommen unbewusst und unhinterfragt. Beim Wahrnehmen und Sehen von Farben fragen wir uns ja auch nicht in jeder Sekunde, ob wir jetzt Farben sehen wollen. Wir sehen die Farben einfach. Und genauso ist es bei Imaginationen körperlicher und geistiger Art: Sie geschehen einfach.

Bei Suggestionen werden diese Prozesse ins Halbbewusstsein gehoben. Da nutzen wir die enge psychosomatische Verankerung der Imaginationsfähigkeit für unsere Vorsätze und Absichten, damit sie uns placebieren bzw. gefallen.

Und wenn wir Aktive Imagination üben, so wird auch die innere Fähigkeit zur Vorstellungskraft unseres Selbst genutzt und durch unseren Geist interpretiert.

Imaginationen können neue Freiheiten schaffen. Sie werden nicht unter einem Handlungsdruck durchgeführt. Unter Stress und Handlungsdruck geschieht meistens nichts Neues. Unser Gehirn neigt unter Stress dazu, die bekannten stereotypen Muster abzurufen, die sich bereits bewährt haben. Das ist in Notfallsituationen sinnvoll. Im sonstigen Alltag führt es aber zu einer Einschränkung der Variationsbreite des Handelns, des Empfindens und der Spontaneität. Deshalb ist es günstig, sich für Imaginationen Zeit zu nehmen, um den ganzen Entfaltungsraum des neuronalen Netzwerkes zu nutzen. So kann die Imagination den Zugang zu bisher verborgenen Bildern ermöglichen und das Entwicklungspotenzial der unbewussten Gefühlswelten zur Entfaltung bringen.

Kartierung archetypischer Bilder

Im Laufe der evolutionären Hirnentwicklung kam es dazu, dass die visuelle Wahrnehmung einerseits und die visuelle Vorstellung andererseits nicht mehr genau zu trennen sind. Und dies ist nicht nur im Fall von paranoiden und projektiven Vorstellungen so, bei denen die inneren Bilder eine realistische Bedeutung und Überzeugung bekommen. Die Tatsache, dass imaginative Vorstellungen in genau den gleichen Arealen der Sehrinde verarbeitet werden wie die Impulse, die von der Netzhaut ins Gehirn gelangen, könnte die Grundlage für unsere Fantasie sein und vielleicht für die Entwicklung des menschlichen Geistes.

Diese Repräsentanz äußerer und innerer Bilder an gleicher anatomischer Stelle ermöglicht uns Menschen, vermutlich in Abgrenzung zu Tieren, die Erschaffung von symbolischen Objekten, die wir mit unserem Geist bearbeiten können. Der Neurowissenschaftler Ramachandran weist darauf hin, dass es nur der Mensch vermag, „mit visuellen Symbolen zu jonglieren und neue Kombinationen zu erfinden – etwa Kleinkinder, denen Flügel wachsen

(Engel), oder Lebewesen, die halb Pferd, halb Mensch sind (Zentauren)".

Nach den Vorstellungen von Antonio Damasio arbeitet das Gehirn nach dem Prinzip von Kartierungen, die bereits intrauterin angelegt werden und sich durch Lebenserfahrungen ständig verändern. Die Karten sind innere Bilder.

In der Sprache der Analytischen Psychologie sind dies archetypische Muster, Dispositonen und Präformationen, die aufs Engste mit den Strukturen des Gehirns verbunden sind, etwa mit den Bewertungsinstanzen im präfrontalen Kortex oder mit der Amygdala, die eine zentrale Rolle in der Angstverarbeitung spielt. Im Gehirn können „als-ob-Zustände" hergestellt werden, die es uns ermöglichen, uns antizipierend auf unsere Umwelt einzustellen. Bewegungsneurone werden z. B. bereits dann in Bereitschaftsstellung versetzt, wenn am Rande unseres Gesichtsfelds etwas wahrgenommen wird und somit zu erwarten ist, dass eine Bewegung notwendig sein könnte. Das Gehirn entwickelt also eine Vorstellung, wie es gleich sein könnte, und versetzt die entsprechenden Hirnstrukturen in einen Erwartungszustand. Das sind Imaginationen auf neurobiologischer Ebene.

Somit können wir innere visuelle Bilder als Ausdruck einer „als-ob-Körperschleife" verstehen. Durch die intensive, auch emotionale Verknüpfung mit allen Hirnstrukturen können diese Bilder einen hohen Wirklichkeitscharakter bekommen.

Nach den Vorstellungen der Analytischen Psychologie ist dieser Aspekt besonders interessant, da wir davon ausgehen können, dass die archetypischen Muster über lange Zeit gewachsene und sehr stabile innere Karten abbilden. Diese Karten geben uns Orientierung.

Imaginationen bewegen sich in diesem umfassenden Feld und können durch die Verknüpfung zur eigenen Tiefe persönliche Visionen entstehen lassen. Durch die Verknüpfung zu den kollektiven Bildern werden Visionen von anderen Menschen- und Weltbildern ermöglicht. Die archetypische Karte zeigt uns die Gesamtdimension des möglichen Raumes, in dem wir uns bewegen und daraus wir schöpfen können.

Literatur

Damasio, A. (2011). *Selbst ist der Mensch. Körper, Geist und die Entstehung des menschlichen Bewusstseins.* München: Siedler Verlag.

Hüther, G. (2004). *Die Macht der inneren Bilder.* Göttingen: Vandenhoeck und Ruprecht.

Roth, G. (2003). *Fühlen, Denken, Handeln.* Frankfurt: Suhrkamp.

Rüegg, J. C. (2006). *Gehirn, Psyche und Körper.* Stuttgart, Schattauer.

Schnabel, U. (2008). *Die Vermessung des Glaubens.* München: Pantheon Verlag.

Bernd Leibig
Facharzt für Psychotherapeutische Medizin, niedergelassen in eigener psychotherapeutischer Praxis in Ammerbuch-Entringen mit Schwerpunkt auf analytischer Psychotherapie von Erwachsenen und Paartherapie. Dozent, Lehr- und Kontrollanalytiker am C. G. Jung-Institut Stuttgart.

Man darf sich nun nicht etwa vorstellen, daß die mythologischen Phantasien vererbte Vorstellungen seien. Davon ist keine Rede, sondern es sind angeborene Vorstellungsmöglichkeiten, Bedingungen des phantastischen Vorstellens a priori, etwa vergleichbar den KANTschen Kategorien.
Diese allgemeinen, durch die ererbte Hirnstruktur gegebenen Bedingungen sind der Grund für die Ähnlichkeit der Symbole und der Mythenmotive in ihrem Vorkommen auf der ganzen Erde. (Jung, GW 10, § 14)

Aktive Imagination 3.0
Katathym – Imaginative Psychotherapie (KIP) nach H. Leuner

Ralf Bolle

Imagination

Die Katathym-Imaginative Psychotherapie nach H. Leuner (KIP) ist eine Behandlungsmethode mit dem Tagtraum, die sich in Theorie und Praxis aus der Aktiven Imagination nach C. G. Jung heraus entwickelt hat.

In den Fünfzigerjahren des letzten Jahrhunderts entstand die Methode und gehört mittlerweile zu den am besten systematisierten Verfahren für den Umgang mit Imagination mit tiefenpsychologischer und psychoanalytischer Fundierung.

Seit den frühen Siebzigerjahren gehört sie zu den anerkannten Standardverfahren der tiefenpsychologisch fundierten Psychotherapie und hat sicherlich einen nachhaltigen Einfluss auf nachfolgende imaginative Verfahren wie etwa die Psychodynamisch Imaginative Traumatherapie (PITT) nach Reddemann oder auch die Schematherapie nach Young ausgeübt. Das Indikationsspektrum reicht von genereller Kreativitätsförderung über die klassischen neurotischen Erkrankungen, die Behandlung von schweren Persönlichkeitsstörungen bis hin zu schweren posttraumatischen Belastungsstörungen. In der wissenschaftlichen Fundierung der Methode finden sich moderne psychoanalytische Positionen sowie verhaltenstherapeutische Perspektiven. In diesem Sinne ist die KIP eine integrative psychodynamische Therapieform mit einem großen Anwendungsspektrum, die sich stetig weiter entwickelt.

Zunächst ein Beispiel aus meiner praktischen Arbeit mit der KIP. Nach dem Blick auf die Wurzeln der KIP in der Analytischen Psychologie werden einige wesentliche Stationen der Entwicklung aus der Aktiven Imagination nachgezeichnet und dann das moderne Verfahren vorgestellt.

Beispiel aus der Praxis
Es folgt das Protokoll einer Sitzung einer Patientin mit einer schweren Panik-Störung und depressiven Symptomatik. Die Entspannungsübung anfangs und die Rücknahme der Entspannung am Ende rahmen die Imagination ein: Eine Motivvorgabe, hier die „Mauer aus dem Traum", führt die Imagination ein, die sich dann spontan im kontinuierlichen Dialog entfaltet. Unterschiedliche Interventionen (strukturierend, Ressourcen aktivierend, konfliktbezogen) begleiten den Prozess der Bilder aus dem Unbewussten.

Einleitende Entspannungsübung: Legen Sie sich bequem hin. – Schließen Sie die Augen. – Wenn Sie möchten, richten Sie Ihre Aufmerksamkeit auf die Atmung. – Sie müssen nichts verändern, nichts tun, nichts steuern, einfach nur wahrnehmen – Alles was Sie jetzt erleben, ist in Ordnung. – Lassen Sie Ihre Schultern und Arme locker und entspannt – Mit jedem Atemzug kann sich die Entspannung weiter ausbreiten – Auch die Beine locker und entspannt.– Dann lassen Sie vor Ihrem inneren Auge die Mauer aus ihrem Traum letzte Nacht auftauchen – Oder was auch immer auftauchen mag – Und wenn Sie etwas wahrnehmen, dann teilen Sie mir es mit, dass ich Sie begleiten kann.

Ich sehe eine Mauer – Weit weg.
   Wo sind Sie denn?
Ich schwebe. – Irgendwie über allem. – Und da ist die Mauer, da unten. – Ganz klein.
   Können Sie mal an sich herunterschauen? Was haben Sie denn für Kleidung an?
Jetzt stehe ich auf dem Boden. – Ich habe braune Wanderschuhe an. – Sonst wie jetzt auch.

Und wie ist denn das Wetter so?
Gräulich, feucht. – Auch die Mauer ist diesig. Rechts geht ein Hang hoch. – Da sind dann Bäume. – Es ist Winter.

Können Sie sonst noch irgendetwas wahrnehmen? Gibt es denn da Lebewesen? Bleiben Sie einfach mal bei Ihrer Wahrnehmung.
Da am Hang oben. – Am Waldrand. – Da kann ich jetzt ein Reh sehen. – Sieht zu mir herunter. – Beobachtet mich.

Haben Sie irgendetwas bei sich?
Ja, ich habe Brot dabei – Das halte ich jetzt hin. Da kommt es herunter, ganz vorsichtig und langsam. – Es ist braun. – Jetzt steht es vor mir. Ich halte das Brot hin. – Es ist ganz zutraulich … Es frisst. – Ich streichle es am Hals. – Es ist ganz warm. Ganz angenehm. – Irgendwie hat es ganz traurige Augen. – Das Brot ist alle.

Kann es sein, dass sie noch etwas dabei haben?
Ja, ich habe noch einen Rucksack. Da ist noch Brot drin. – Ich geb' ihm noch etwas davon. – Es schnuppert an mir. – Stupst mich in die Seite und in den Bauch. – Jetzt werde ich auch ganz traurig. – Es hat so weiche Augen. – Jetzt geht es los. – Es geht voran.

Möchten Sie irgendetwas tun? Haben Sie einen Impuls, dem Sie folgen möchten?
Ich möchte hinterhergehen. – Irgendwie ist es größer geworden. – Jetzt ist es ein ausgewachsenes Reh. – Es springt so auf dem Weg. – Läuft auf jemanden zu. – Huch – Oh, Gott. – Es bleibt stehen. – Dreht sich um. – Es ist ein Wolf geworden. – Er hat ganz stechende, gelbe Augen mit schwarzen Pupillen …

Und? Haben Sie noch etwas in ihrem Rucksack?
Ich weiß nicht. – Doch. – Da ist auch rohes Fleisch darin. – Ich werfe es ihm hin. – Ich bin ganz nervös und aufgeregt.

Wie weit ist er denn entfernt?
So etwa 2 Meter. – Er frisst. – Jetzt sieht er hoch. – Er spricht mit mir: „Hab keine Angst!"

Ist denn noch etwas im Rucksack?
Ja! – Ich werfe es ihm hin. – Habe ziemlich Angst. – Er ist auch ganz nervös …

Können Sie denn vielleicht einige Fleischstücke etwas näher zu sich werfen?
Jetzt ist er so etwa einen Meter entfernt. – Er kommt zögerlich näher.

Sagt er noch etwas?
Nö. – Ich setze mich auf die Mauer. – Jetzt frisst er mir aus der Hand.

Können Sie denn seine Augen sehen?
Die sind so gelb. – Aber jetzt ist keine Gefahr drin.

Können Sie ihn berühren?
Er schnuppert an mir. – Legt seinen Kopf zwischen meine Beine. – Setzt sich so hin. – Und jetzt weint er.

Wie geht es Ihnen denn jetzt?
Ich bin ganz angespannt. – Ganz verwundert.

Hat der Wolf denn noch irgendetwas Rehartiges?
Ja, der guckt so ängstlich. – Eigentlich wie das Reh. – Ich werde ganz ruhig.

Wenn Sie sich jetzt so umschauen – hat sich denn irgendetwas verändert?
Oh! – Es ist Frühling geworden. – Ich höre Vögel, überall wachsen Pflanzen. – Ich höre Wasser plätschern. – Alles riecht ganz frisch

Rücknahme der Entspannung: Dann schauen Sie sich noch einmal um, lassen Sie die Szene auf sich wirken, suchen Sie sich einen Ort, von dem aus Sie wieder zurück in die Praxis kommen können und nehmen Sie dann die Entspannung zurück, so wie wir es besprochen haben: Atmen Sie tief ein, spannen sie Arme und Beine an, öffnen Sie dann die Augen.

In dieser Sequenz wird deutlich, wie sehr die Arbeit im KIP eine Beziehungsarbeit ist, die dialogisch-strukturierend und auf der Symbolebene handelnd stattfindet.

Schon am Anfang, als die Patientin über der Szene schwebte und sich selbst kaum spürte, waren es die Interventionen, die sie zu einer differenzierteren Selbstwahrnehmung führten und es ihr ermöglichten, sich selbst in der Szene sinnlich zu erleben und sich mit den inneren Bildern zu identifizieren. Die Gegenwart der Stimme des Therapeuten in den Imaginationen wirkte so angstmindernd, begleitend und auch motivierend, sich auf die Szene einzulassen.

Dieses Sich-Einlassen auf die inneren Bilder in der Gegenwart eines „Hilfreichen Begleiters" führte dazu, dass sich in der inneren Landschaft entsprechende Themen der Patientin entfalten konnten. Durch die therapeutische Beziehung, die sich eben auch in den

Foto: Zorro4 (pixabay.com)

Aktive Imagination 1.0
Dialog zwischen Ich und dem Unbewussten

C. G. Jung hat unter dem Begriff „Aktive Imagination" (AI) eine spezielle Form des dialogischen Umgangs mit dem spontan fließenden Strom der inneren Bilder beschrieben, der neben der Traumarbeit eine zentrale Position in der Praxis der Analytischen Psychologie einnimmt.

Jung befasste sich intensiv mit der Auseinandersetzung zwischen einem steuernden, handelnden und aktiven Ich und den Gestaltungen des Unbewussten, integrierte nonverbale Verfahren in der Psychoanalyse und arbeitete in diesem Zusammenhang auch oft mit Tagträumen. Er beschrieb seine Praxis erstmals am Anfang des letzten Jahrhunderts, veröffentlichte aber wichtige Arbeiten darüber erst viele Jahre später. AI wurde anfangs durch praktische Anwendung und persönliche Mitteilungen weitergegeben. Über die jungianische Lehranalyse von Leuner gibt es ein „missing link" zur KIP.

In der Arbeit *Die transzendente Funktion*, die Jung bereits 1916 schrieb, aber erst 1958 veröffentlichte (vgl. GW 8), wurde erstmals Stellung zur Methode genommen. Jung spricht noch nicht von der Aktiven Imagination, sondern beschäftigt sich mit der Frage, wie Menschen sich auf ihre Fantasien konzentrieren und sie gestalten können.

Er legt in dieser Zeit einen starken Akzent darauf, dass sehr allgemein und umfassend innere Bilder oder/und Worte erwartet, wahrgenommen und aufgezeichnet würden, ausgedrückt und dargestellt mit den Händen oder mit dem ganzen Körper (vgl. Jung, G 8). Ich schätze diese frühen Definitionen sehr, da sie viele Ausdrucksformen von unbewusstem Geschehen mit einbeziehen. Dieser erweiterte Imaginations-Begriff stellt eine sehr moderne Konzeption eines handlungsorientierten therapeutischen Prozesses dar.

Die frühe Relativierung der therapeutischen Wirkung der klassischen Deutung neben dem nonverbalen Prozess führte dazu, dass in jungianischen Psychoanalysen verschiedene nicht-

Möglichkeiten der Begleitung während des Tagraums spiegelt, war eine Annäherung an irritierende Wahrnehmungen (z. B. das distanzierte Schweben über Allem) und an bedürftige und auch ängstigende innere Objekte (Reh und Wolf) möglich.

Meine Interventionen während der Imagination standen in engem Zusammenhang mit psychodynamischen Reflexionen: Einerseits eröffneten sie Ressourcen, die der Patientin in der Imagination auf der Symbolebene zugängig waren (z. B. der Rucksack mit seinen nährenden Inhalten), andererseits unterstützten sie die Patientin, sich auf beängstigende Inhalte (z. B. Wolf) einzulassen und ihnen zu begegnen. So ergänzten sich in diesen Interventionen ressourcenorientierte und konfliktorientierte Anregungen.

Im Zentrum der Therapie, jeder Stunde, aber auch über längere Episoden der Behandlung hin, steht ein komplexes Wechselspiel von unbewussten und bewussten szenischen Inszenierungen und Tätigkeiten (Handlung), symbolischen Mitteilungen in Fantasien und Material (Symbol), bewussten, sprachlich fassbaren Erfahrungen und Wahrnehmungen sowie deren Einbettung in einen als in sich schlüssig erlebten Entwicklungs-Prozess (Narration).

Gemälde von Peter Kraayvanger (pixabay.com)

sprachliche Methoden selbstverständlicher Teil des therapeutischen Prozesses sein können: z. B. Malen und Gestalten, Sandspiel. Jung sah die beiden Pole der Therapie in der prozesshaften Gestaltung einerseits und dem kognitiven Verstehen andererseits.

> Der Idealfall wäre ein gleichmäßiges Nebeneinander oder ein rhythmisches Alternieren der beiden Methoden [...].
> Oft wissen die Hände ein Geheimnis zu lüften, um das der Verstand sich verge-bens bemühte.
> (Jung, GW 8; § 179 f.)

Üblicherweise wird der imaginative Prozess der AI in vier Phasen beschrieben:

1. Entspannung
2. Fokussierung auf innere Bilder
3. Imaginationen eine äußere Form geben
4. Integration.

Die AI wird meist von den Patient*innen alleine zu Hause in ruhiger Umgebung oder aber in Anwesenheit des schweigenden Therapeuten durchgeführt. Der dialogische Umgang wäh-rend der Imagination selbst wurde erst von neueren Autoren wie zum Beispiel Verena Kast (2012) wieder betont.

Aktive Imagination 2.0
Die jungianischen Wurzeln der Katathym-Imaginativen Psychotherapie

Leuner begann sein Medizinstudium 1939, musste es wegen des Krieges unterbrechen.

Da es dann noch keine psychoanalytischen Institute gab, war der übliche Weg, sich eine*n Lehranalytiker*in zu suchen, um Therapeut*in zu werden. Leuner traf auf Gustav Schmaltz,

> [...] einen prominenten Jungianer,
> der selbst noch Analysand bei Jung gewesen war. Ich rechne Schmaltz, der eine große und ungewöhnliche Persön-lichkeit war, zu meinen „großen Leh-rern". Er hat mir die Grundlagen für das Erleben und die Wirkungsweise sym-bolischer Prozesse vermittelt. Ich lernte die Macht der Übertragung kennen, die Technik der Jung'schen Analyse, For-men der Amplifikation der Trauminhalte in mythologische Zusammenhänge und erlebte auch Schritte meiner eigenen Reifung [...] Ich lernte bei ihm eine lebendige, vitale Psychotherapie.
> (Leuner, 1995, S. 7 f.)

Gustav Schmaltz (1884-1959) hatte in seiner Analyse bei Jung selbst die Bekanntschaft mit der AI gemacht. Er stand noch über viele Jahre hinweg mit Jung in Briefkontakt und hatte einen lebendigen Austausch mit den Analytiker*innen der „ersten Generation", insbesondere auch mit Frau von Franz, die über AI publizierte. Schmaltz veröffentlichte 1955 ein bemerkenswertes Buch mit dem Titel *Komplexe Psychologie und körperliches Symptom*, in dem er seinen speziellen therapeutischen Umgang mit Imaginationen vorstellt.

Schmaltz war es wichtig, dass die jungsche Analyse keine esoterische oder höhere Form der Psychotherapie sei, sondern sich auch für übliche Fälle eigne. Voraussetzung für seine Therapie seien: der Umgang mit inneren Bildern, die vorrangig auf der Subjektstufe als Abbild innerseelischer Prozesse verstanden werden und die eine autonome Entwicklungs-Dynamik besitzen. Er betonte weiter, dass ihm eine Integration freudscher, adlerischer und jungscher Ansätze wichtig sei, die je nach therapeutischer Fragestellung berücksichtigt werden müssten.

Die therapeutische Wirkung erwachse aus dem Evidenzerleben, das eine neue Gefühlserfahrung ermögliche, die dann zu einer Einstellungsänderung des Bewusstseins füh-

re. Die Erfahrung der inneren Bilder selbst entfalte eine wesentliche therapeutische Wirkung, auch ohne Deutung in psychoanalytischem Sinne.

Er gab eine Entspannungsübung im Sinne des autogenen Trainings vor und führte die Behandlung unter dieser Entspannung durch. Im Entspannungszustand arbeitete er mit Träumen als Motiv-Vorgabe.

Schmaltz, „der große Lehrer", hatte also einen prägenden Einfluss auf Leuner. Viele Aspekte der praktischen Arbeit von Schmaltz, aber auch seine theoretischen Gedanken finden sich in den Konzepten wieder, die Leuner später der KIP zugrunde legte.

Leuner bezog sich auf das Symbolverständnis Jungs, dass ein Symbol der bestmögliche Ausdruck einer bewusst-unbewussten Totalsituation des Menschen für ein vom Bewusstsein noch nicht Erfasstes sei, er betonte die Realität der Bilder, und setzte sich immer wieder mit den affektgeladenen Komplexen auseinander. Die immanente Verwandtschaft zur Analytischen Psychologie nach Jung wird zudem in der Bedeutung deutlich, die Leuner den archetypischen Motiven beimaß. So ordnet er z. B.

Motiv Bachlauf. Foto: Karine Rioux-Nadon (shutterstock_565031452)

Motiv Berg. Matterhorn und Riffelsee. Foto: Dirk Beyer (wikimedia.org)

die Landschaftsmotive in das Umfeld in der kollektiven, archetypischen Symbolik ein.

Er befasste sich unter archetypischen Aspekten mit dem Motiv des Waldrandes, des Sumpflochs, der Höhle und des Vulkans. Er sah hier eine Möglichkeit, dem Schatten, der Anima und dem Animus zu begegnen.

Besonderes Interesse fand Leuner an dem Phänomen der Wandlung von archetypischen Gestalten, die beispielsweise aus der Höhle oder dem Waldrand erscheinen: Er beschäftigte sich damit, wie aus ängstigenden, archaischen Wesen über einen therapeutischen Beziehungs-Prozess allmählich differenzierte Gestalten werden, mit denen das Traum-Ich immer besser kommunizieren kann.

Auch die ersten Konzepte der Regieprinzipien, also der Technik der therapeutischen Begleitung während des Tagtraums, weisen einen Bezug zur Analytischen Psychologie auf: Leuner nennt folgende Regieprinzipien, die er explizit mit den Konzepten der Analytischen Psychologie in Verbindung bringt: Vernichten und Mindern, Nähren und Anreichern, Versöhnung und zärtliches Umfangen, Konjunktion und Einverleiben, magisch wirkende Mittel und Flüssigkeiten.

Aktive Imagination 3.0: Katathym–Imaginative Psychotherapie heute

Die KIP ist mittlerweile eines der am besten systematisierten Verfahren für den Umgang mit Imaginationen auf psychodynamischer Basis. Sie stellt ein hochdifferenziertes methodisches Repertoire an Interventionsprinzipien und Motivangeboten zur Verfügung, deren Entwicklung schon früh an didaktischen und praxisnahen Fragestellungen orientiert war. Die KIP ist sowohl als Einzel- als auch als Gruppentherapie anwendbar.

Die KIP erweitert die AI um die Beziehungsdimension: Während Jung und seine Nachfolger*innen die AI vorwiegend als eine allein und eigenständig praktizierte Form des inneren Dialogs mit dem Unbewussten verstehen, erweiterte die KIP die Arbeit auf das Feld der therapeutischen Beziehung.

Die Zwiesprache mit dem/der Therapeut*in während der Imagination eröffnet einen weiten klinischen Rahmen, in dem sowohl kreativitätsfördernde und ressourcenorientierte Schwerpunkte möglich sind, als auch strukturbezogene therapeutische Prozesse bis hin zur traumazentrierten Arbeit im Vordergrund stehen können.

Unter Imagination wird die Umsetzung von Erlebnisinhalten in eine psychische Vorstellung von sinnlicher und real anmutender Qualität verstanden. In diesem Sinne ist eine Imagination von körperlichen Empfindungen, Gefühlen, Beziehungen und szenischen Entwicklungen durchdrungen. Sie ist ein sinnliches Erlebnis, das in seiner Qualität realen Erfahrungen sehr nahe steht.

Voll entwickelte Imaginationen zeichnen sich dadurch aus, dass sie

- mehrere Sinnesqualitäten umfassen
- farbig, plastisch und dreidimensional erscheinen
- sich in einer räumlichen und zeitlichen Dimension entfalten und
- als bedeutsame Realität empfunden werden, die

- als eine innere und vorgestellte gleichwohl grundsätzlich von der äußeren Realität abgrenzbar bleibt. (Vgl. Ullmann, 2012)

Im Unterschied zu Träumen geht Tagträumenden bei Imaginationen nicht das Wissen darüber verloren, dass es sich um Bilder ihrer Fantasie handelt. Während gedankliche Vorstellungen weitgehend der bewussten Steuerung unterliegen, kommt bei den Imaginationen ein unwillkürliches Element hinzu: Die Tagträume entwickeln ihre Eigendynamik, die in enger Verbindung mit der psychischen Befindlichkeit und der Psychodynamik der Tagträumenden stehen.

In einem psychotherapeutischen Prozess geht es letztlich immer darum, innere Bilder (Träume, Tagträume, Beziehungsmuster) und äußere Bilder (Gestaltungen, Beziehungen) miteinander in Beziehung zu bringen. Dies geschieht vor dem Hintergrund der therapeutischen Beziehung, in der diese Bilder eine spezifische Gestalt annehmen und reflektiert, differenziert und gestaltet werden können. Dabei stehen immer Symbolisierungsprozesse im Zentrum: Diese können auf der Ebene der Inszenierung, der gemeinsamen Narration und natürlich auch in der Gestaltung durch künstlerische Medien erlebbar werden. Dieser sinnlich erfahrbare und als bedeutsam erfahrene Dialog mit den verschiedenen Ebenen der Symbolisierung psychischer Inhalte ist sozusagen der „Königsweg zum Unbewussten 3.0".

Die Imaginationen in der KIP sind in der Regel in eine tiefenpsychologisch fundierte oder modifizierte psychoanalytische Therapie eingebettet. In der Regel wird zunächst eine Initial-Imagination angeboten, in der die PatientIn erste Erfahrung mit der Methode und der Begleitung während der Imagination macht und an die Fragen an die Methode und das Vorgehen anknüpfen können. Dann werden in Intervallen, die vom therapeutischen Prozess abhängig sind, immer wieder Imaginations-Sitzungen durchgeführt, die in der Regel auch in mehreren Stunden nachbearbeitet und integriert werden.

Eine typische Imaginations-Sitzung sieht so aus: Nach einer Entspannungsvorgabe befindet sich der/die Patient*in mit geschlossenen Augen in einem hypnagogen Zwischenzustand, in dem innere Wahrnehmungen entweder spontan oder auch nach spezifischer Motivvorgabe auftauchen. Motivvorgaben und Interventionstechniken ermöglichen es, bestimmte Erfahrungsbereiche anzuregen und zu betonen, aber auch zu strukturieren, um eine Überflutung durch unbewusste Inhalte zu verhindern.

Während der Imaginationen selbst findet ein aktiver Dialog mit dem/der Therapeut*in über das Erlebte statt. Je nach therapeutischem Fokus stehen unterschiedliche Interventionstechniken

Motiv Waldrand. Foto: fietzfotos-6795508 (pixabay.com)

Motiv Haus. Foto: Herbert Aust (pixabay.com)

im Vordergrund. Nach der Rücknahme der Entspannung klingt die Erfahrung emotional nach, das Erlebte wird auf der Symbolebene nachvollzogen, aber normalerweise nicht psychodynamisch reflektiert oder gar gedeutet. Die Integration der Erfahrungen erschließt sich also zunächst über die Arbeit direkt auf der Symbolebene, dann im Nachgespräch und über die Nacharbeit der Patientin, die ein obligater Teil der Methode ist: verbal (schriftliches Protokoll der Sitzung) und nonverbal (künstlerische Gestaltung). Dieses Vorgehen hat sich in der Praxis sehr bewährt, da die kognitive Reflexion und die Auseinandersetzung auf nonverbaler Ebene sich fruchtbar ergänzen und gegenseitig anreichern. Gestalterische Prozesse regen ihrerseits Assoziationen und emotionale Vertiefung an, die auf sprachlicher Ebene differenziert und in den Gesamtprozess einbezogen werden können.

Im Rahmen der KIP werden Imaginationen ohne jegliche Vorgaben oder mit offenen Themen (Farben, Gefühle, Stimmungen …) ebenso angewandt wie Träume als Vorgaben und die „klassischen Motive". Für die Initial-Imagination hat sich das Motiv der Blume etabliert, an dem erste Bezüge auf der Objekt- und Subjekt-

stufe (Selbstbild) erprobt werden können. Weitere bekannte Motive sind die Wiese (Hinweise auf die aktuelle innerseelische Situation), der Bachlauf (Hinweise auf den Bezug zur Vitalität), der Berg (Hinweise auf Leistungsthemen), Haus (Hinweise auf die Struktur des Selbst) und der Waldrand (Begegnung mit Gestalten des Unbewussten). Diese Motive stellen insgesamt eine neutrale, aber leicht strukturierte Projektionsfläche dar, bei der sich um den archetypischen Kern des Motivs das komplexhafte Geschehen manifestieren kann.

Die Wahl der Motive ist im Kontext der Beziehungskonstellation (Übertragung und Gegenübertragung) zu verstehen und bildet somit stets auch den therapeutischen Beziehungsprozess mit ab, der so einer Bewusstwerdung zugänglich werden kann. Grundsätzlich ist das Vorgehen wie bei der Arbeit mit dem Nachttraum. Viele grundlegende Konzepte der Analytischen Psychologie C. G. Jungs, wie etwa die kompensatorische Wirkung der Imagination, Subjekt und Objektstufe, die grundsätzliche Bipolarität der Symbole fanden im KIP ebenso Resonanz wie die wesentlichen modernen psychodynamischen

Konzepte wie Objektbeziehungstheorie, Narzissmustheorie, Mentalisierungskonzepte, Traumafolgen und aktuelle Theorien zur Selbstentwicklung.

Es gibt eine umfangreiche Literatur darüber, wie Imaginationen begleitet werden, welche Interventionsstrategien sinnvoll sind und wie diese Interventionen auf bestimmte klinisch relevante Themen abgestimmt und modifiziert werden können (z. B. Bahrke, Nohr 2019; Steiner, Krippner 2006, Ullmann, Wilke 2012).

Abschließend lassen sich mehrere Wirkebenen beschreiben.

Als erste **psychodynamische Dimension** beschrieb Leuner die symbolvermittelte, affektgetragene und Affekte tragende Bearbeitung unbewussten Konfliktmaterials.

Die zweite **ressourcenorientierte Dimension** zielt auf die Befriedigung archaischer Bedürfnisse. Damit sind vitale Grundbedürfnisse mit unterschiedlicher affektiver Tönung gemeint, die mit einem großen Spektrum von Gefühlszuständen verbunden sein können, von wilder aggressiver Entäußerung bis hin zum Glück völliger Harmonie im Einssein mit sich selbst und den anderen.

Die dritte **kreativitätsfördernde Dimension** umfasst die Förderung von Kreativität und kreativen Problemlösungen. Dies ist die spielerische Komponente der Methode, jener Spielraum, der sich in ihr und durch sie entfaltet.

Eine vierte **metaphorisch-narrative Dimension** der Wirksamkeit wäre als Dimension zu bezeichnen. Es entsteht eine durch die Symbolentwicklung getragene heilsame Geschichte, die sowohl von der Patient*in als auch von dem/der Therapeut*in gestaltet wird und die den therapeutischen Prozess in seinen wesentlichen Wirkfaktoren immanent abbildet.

Der **symbolische Handlungsraum** wird zum eigentlichen Ort der therapeutischen Begegnung.

Literatur

Bahrke, U., Nohr, K. (2018). *Katathym-Imaginative Psychotherapie. Lehrbuch der Arbeit mit Imagination in psychodynamischen Psychotherapien.* Bern: Huber.

Jung, C. G. (1916/1958). *Die transzendente Funktion.* GW 8. 1971. Olten u. Freiburg: Walter.

Kast, V. (2012). *Imagination – Zugänge zu inneren Ressourcen finden.* Mannheim: Patmos.

Leuner, H. (1957). *Symboldrama, ein aktives nicht-analysierendes Verfahren in der Psychotherapie.* Zeitschrift für Psychotherapie und medizinische Psychologie, 7. Jahrgang, Heft 6.

Leuner, H. (1995). *Psychotherapie im Nachkriegsdeutschland: Persönliche Erinnerungen an meine großen Lehrer. In:* Katathymer Bilderbote, Heft 7, Göttingen.

Schmaltz, G. (1955). *Komplexe Psychologie und körperliches Symptom.* Stuttgart: Hippokrates.

Steiner, B., Krippner, K. (2006). *Psychotraumatherapie. Tiefenpsychologisch-imaginative Behandlung von traumatisierten Patienten.* Stuttgart: Schattauer.

Ullmann, H./Wilke, E. (2012). *Handbuch. Katathym-Imaginative Psychotherapie.* Heidelberg: Springer.

Prof. Dr. med. Ralf Bolle

Facharzt für psychosomatische Medizin, Psychoanalyse, Kunstpsychotherapie; Dozent und Lehranalytiker am C. G. Jung-Institut, Stuttgart; Dozent und Lehrtherapeut in der Arbeitsgemeinschaft für Katatymes Bilderleben, AGKB, Göttingen; Lehraufträge an den Hochschulstudiengängen für künstlerische Therapien HKT, HfWU Nürtingen; Lehraufträge an: Katholische Hochschule für Sozialwesen, Berlin, KHSB. Eigene Praxis, umfangreiche Vortragstätigkeit und Publikationen.

Wünsch' Dir was – je mehr, desto besser ...

Die Schattenseiten der Fantasie in der Unendlichen Geschichte von Michael Ende (3)

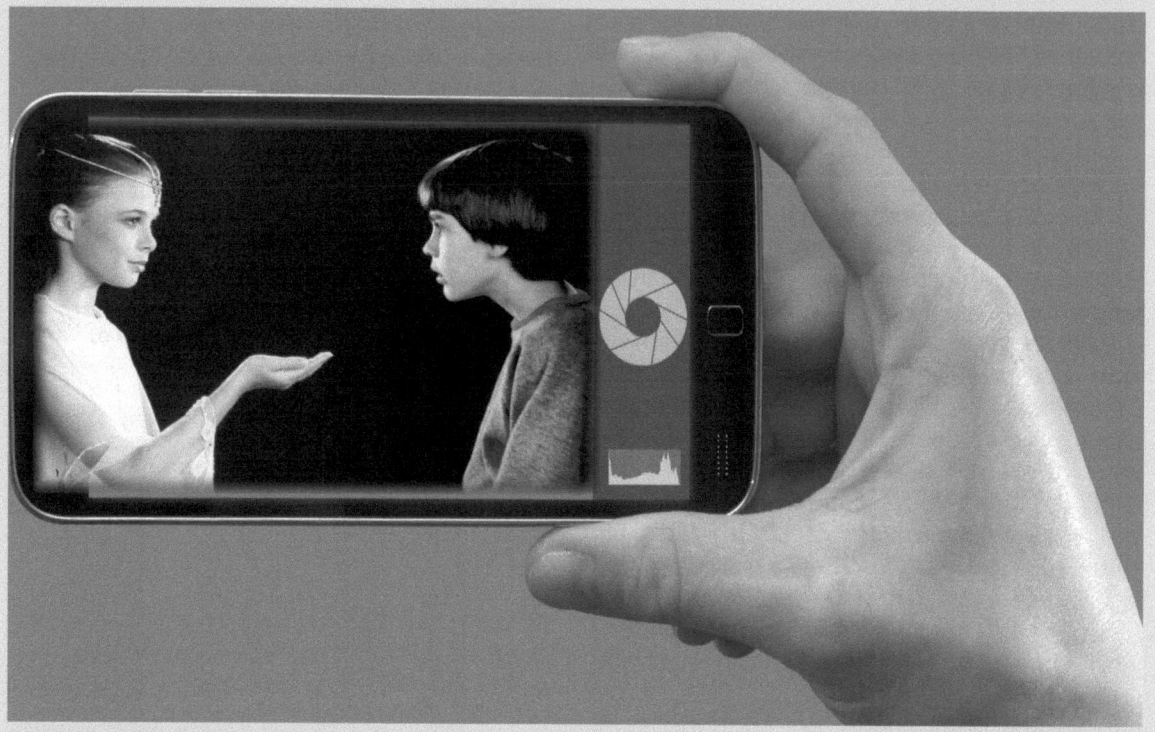

Bastian und die Kindliche Kaisern, die ihn auffordert, seine Wünsche zu äußern, um das vom „Nichts", der totalen Auflösung, bedrohte Phantásien zu retten. (Collage mit einer Szene aus dem Film von 1984, Regie: Wolfgang Petersen)

Nachdem Phantásien und damit die innere Welt Bastians bis auf ein goldenes Sandkorn verschwunden ist, begegnet Bastian der „Kindlichen Kaiserin", seiner „Anima", die alle positiven wie gefährlichen „weiblichen" Seiten seiner Seele repräsentiert. Im Goldspiegel ihrer Augen erkennt er sich als wunderschönen Knaben, von edler und vornehmer Gestalt, feingliedrig und kräftig zugleich. Sie ermutigt ihn, frei und unbegrenzt alle seine Wünsche zu äußern, um dadurch Phantásien wieder aufzubauen. „Wie viele Wünsche habe ich denn frei?" „So viele du willst – je mehr, desto besser, mein Bastian. Umso reicher und vielgestaltiger wird Phantásien sein."

Was ihm aber von der Kindlichen Kaiserin nicht gesagt wird, und darin zeigt sich ihre unpersönliche, gefährliche Doppelnatur, ist, dass er mit jedem Wunsch, den er sich in diesem imaginären Reich Phantásien erfüllt, nach und nach dem Größenwahn verfällt und ein Stück Erinnerung an seine andere Existenz als Menschenkind verliert, was ihm dann später fast zum Verhängnis wird.

Für viele Menschen ist heute nicht der Blick in die Augen der „Kindlichen Kaiserin" sondern in den glänzenden Zauberspiegel ihres Laptops oder Smartphones das Tor zur Welt Phantásiens geworden. Dort warten bereits auf unsere Sehnsüchte ausgerichtete aufpoppende, unwiderstehliche Angebote oder auch die vielsprachigen, freundlichen virtuellen Assistentinnen, wie z. B. Alexa, Cortana oder Siri, um bei der Wunscherfüllung jederzeit gerne behilflich zu sein.

Wie eine psychische Epidemie breitet sich die Sog- und Suchtwirkung der kollektiven Fantasien und Wünsche aus, und wir scheinen dieser Wirkung zunehmend rat- und hilflos gegenüber zu stehen. Was kann man dieser magischen Wunsch-Welt der modernen Medien noch im alltäglichen, oft so frustrierenden Leben wirksam und überzeugend entgegensetzen?

Amazon wurde seit seiner Gründung 1994 – in relativ wenigen Jahren also – zu einem der umsatzstärksten Unternehmen und zur wertvollsten Marke der Welt, knapp vor Microsoft, Apple und Google, alles Unternehmen aus der IT-Branche (Informations-Technologie). Amazons Gründer, Jeff Bezos, der seine Firma nach dem wasserreichsten Fluss der Erde, dem Amazonas, benannte, ist der reichste Mann der Welt, insgesamt also eine Erfolgsgeschichte der Superlative.

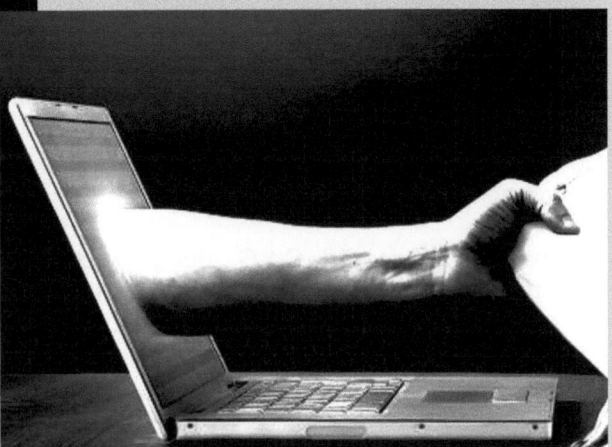

Der unwiderstehlich Sog des Internets. (Foto: Colourbox.de)

Die Möglichkeit, über Internet- und TV-Shops mit einfacher Rücksendemöglichkeit zu bestellen, hat das Einkaufsverhalten vieler Menschen tiefgreifend verändert. Die Warenauswahl ist paradiesisch und gigantisch, die Möglichkeit von Produktvergleichen, Kundenbewertungen und risikolosen Probekäufen hat den Kunden „zum König" gemacht. Das „Shoppen" ist – neben dem stundenlangen Ansehen von TV-Serien (Binge Watching, Serienmarathon) – zu einer der beliebtesten Freizeittätigkeiten geworden.

Bei allen Aktivitäten und Interaktionen der User soll das Belohnungssystem des Gehirns so intensiv wie möglich angesprochen werden, um eine enge Bindung zwischen ihm und der jeweiligen Plattform (Shops, Games, Social Media etc.) zu erzeugen.

Medien-, Internet- und Kaufsüchte haben deutlich zugenommen. Während Social-Media und Shoppen eher bei weiblichen Nutzern zu Suchtverhalten führen, sind es bei männlichen Usern mehr die erotischen Inhalte und die Spiele.

FOMO (Fear of missing out), die Angst, etwas zu verpassen, irgendwo und irgendwann eine noch bessere Chance zu bekommen oder gar: einen noch besseren Partner zu finden, ist eine – zwar nicht unbedingt neue – aber doch rasant in der Entwicklung begriffene Befürchtung oder gar Angst.

Bei jüngeren wie bei erwachsenen Menschen werden deutliche Symptome der Abhängigkeit und Sucht, häufiges Abgelenktsein, Konzentrations- und Kommunikationsschwierigkeiten und auch körperliche Beschwerden (Kurzsichtigkeit, Gelenk- und Rückenbeschwerden, Schlafstörungen) beobachtet. Kritiker gehen davon aus, dass bereits die Mehrzahl der Kinder und Jugendlichen von den negativen Auswirkungen der übermäßigen und einseitigen Mediennutzung ernsthaft betroffen sind.

Die Gefahr, sich in den Fantasien zu verlieren und nicht mehr in die Alltagsrealität zurückzufinden, beschreibt C. G. Jung an verschiedenen Stellen seines Werkes (vgl. dazu auch S. 1 und 57) in diesem Heft.

Kunsttherapie und Imagination

Klara Schattmayer-Bolle

Einleitung

Vereinfacht versteht man unter dem Begriff Imagination die psychische Fähigkeit, sich etwas vorstellen zu können: Menschen, Bilder, Ereignisse, Erinnerungen können vor dem inneren Auge auftauchen und anschließend mit Vorstellungskraft verändert, verformt und konstruiert werden. Alle Sinnes-Qualitäten wie Sehen, Hören, Riechen, Empfinden können wahrgenommen und in die Imaginationen einfließen.

Immer wieder wird C. G. Jung in der Kunsttherapie-Szene als der erste Kunsttherapeut bezeichnet. Zu Beginn des zwanzigsten Jahrhunderts, als in der Psychologie das Unbewusste und in der Kunst der Expressionismus aufkamen, wurden auch bildnerische Äußerungen für die Erkundung der eigenen Seele genutzt.

Die Aktive Imagination ist eine Methode, die Jung entwickelt hat, um spontan aufsteigende Ausprägungen unbewusster Inhalte zu erfassen. Er bezieht dabei Bilder, Körperbewegungen, Musik und Sprachgestaltungen mit ein. Dem Selbst kommt als heilendem Faktor besondere Bedeutung zu: Es hat eine regulierende und stabilisierende Funktion und kann psychisches Ungleichgewicht kompensieren. Jung sagt:

> Warum aber veranlasse ich überhaupt Patienten, sich in einem gewissen Entwicklungsstadium durch Pinsel, Stift oder Feder auszudrücken? Auch dies geschieht in erster Linie, um Wirkung zu erzeugen. [...]

> Im Kindheitszustand bleibt der Patient passiv, hier nun geht er in Aktivität über, zunächst stellt er passiv Geschautes dar, er lässt es dadurch zu seiner eigenen Tat werden. Er spricht nicht nur davon, er tut es. Psychologisch macht es einen gewaltigen Unterschied, ob er ein interessantes Gespräch führt, dessen Ergebnis in der Luft liegt, oder ob er stundenlang mit widerspenstigem Pinseln oder Farben sich müht, um etwas oberflächlich betrachtet, völlig Sinnloses zustande zu bringen. [...]

> Überdies zwingt die materielle Gestaltung des Bildes zu einer anhaltenden Betrachtung desselben in allen Teilen, sodass es dadurch seine Wirkung völlig entfalten kann.
> (Jung, GW 16, § 105 f.)

Später:

> Mein Experiment verschaffte mir die Erkenntnis, wie hilfreich es vom therapeutischen Gesichtspunkt heraus ist, die hinter den Emotionen liegenden Bilder bewusst zu machen.
> (Jung/Jaffé, 1962, S. 181)

> Bei hochgradigem Bewusstseinskrampf können oft nur die Hände phantasieren; sie modellieren oder zeichnen Gestalten, die dem Bewusstsein oft ganz fremd sind.
> (Jung, GW 13, § 22)

Hier hat Jung etwas vorweggenommen, was in den letzten Jahren durch die Erkenntnisse der Neurobiologie untermauert wurde:

> In unserem Gehirn gibt es etwa 100000-mal mehr Nervenzellen, die miteinander verschaltet sind, als es Nervenzellen gibt, die mit den Sinnesorganen verschaltet sind.
> (Roth, 2017).

Das Gehirn beschäftigt sich also hauptsächlich mit sich selbst, indem es Assoziationen, Bedeutungen, Erinnerungen und innere Bilder erzeugt (vgl. B. Leibig, dieses Heft S. 23 ff.).

Foto: Albrecht Fietz (pixabay.com)

Träume oder die Irrationalität des Wahns, man denke an Prinzhorn oder Bleuler (vgl. Schattmayer-Bolle, 2019).

Die Kunst- und Gestaltungstherapie nutzt die Mittel der bildenden Kunst und bezieht sich überwiegend auf Konzepte der Psychodynamik. Vor allem in der Beziehungsgestaltung und Begleitung künstlerischer Prozesse sind diese Perspektiven hierauf unabdingbar. Das Malen eines Bildes gleicht einem Fantasieren mit Material, das einen Symbolisierungsprozess anregen kann.

Vermutlich eignen sich verschiedene unterschiedliche Therapiekonzepte, Werke zu betrachten, die vor allem in akut-klinischen, in präventiven und in rehabilitativen Kontexten entstehen. Es geht darum, einen empathischen Zugang zu erschließen und den Arbeiten eine Bedeutung im Kontext der therapeutischen Beziehung und zudem die Qualität der Zeugenschaft für innere Prozesse oder Erfahrungen zu geben.

Unser Blick auf ein Bild ähnelt dem Blick in die Augen eines bedeutsamen Gegenübers und berührt immer die Intimität des Gesehen-Werdens in den unterschiedlichsten emotionalen Tönungen: bestätigend, schamvoll oder gar verachtend.

> Man sieht auf das, was im Bild aufscheint und über seine reine Materie hinausgeht. Therapeutisch wirksam werden der gewonnene Freiraum, sinnliche und emotionale Erfahrung, sowie der Erkenntnisgewinn.
> (Titze, 2015, S. 201)

Auszugehen ist davon, dass diese Bilder, wie oben erwähnt, teilweise durch alle Sinnesqualitäten Ausdruck finden können. In der Kunsttherapie werden die Erkenntnisse der Analytischen Psychologie und der bildenden Kunst zusammengeführt.

Kunsttherapie

Der Blick auf die Kunst- und Gestaltungstherapie hat sich in den letzten Jahren gefestigt, verändert, weiterentwickelt und geschärft.

Wie oben bereits erwähnt, haben sich die verschiedenen Strömungen der „Kunst" (z. B. der Impressionismus, Expressionismus, Surrealismus …) wie auch die entstehende „Psycho-Therapie" in der ersten Hälfte des 20. Jahrhunderts gegenseitig befruchtet und sind eine enge Verbindung miteinander eingegangen: Künstler befassten sich mit Psychoanalyse, suchten Kontakt und Auseinandersetzung mit dieser revolutionären Methode der damaligen Zeit – die Psychoanalytiker untersuchten Kunstwerke auf psychische Inhalte und interpretierten sie. Freud schrieb über Kunst, während Jung mit künstlerischen Ausdrucksformen des Unbewussten arbeitete: mit sich selbst (u.a. das *Rote Buch*) und in der Analyse mit Patienten. Der Blick richtete sich nicht mehr nur auf die Verarbeitung von äußerlich Gesehenem, sondern auf die Innenwelt der

Die Kunsttherapie, deren Grundlage der spielerische Umgang oder der Zugriff auf künstlerisches Material ist, und das durch Formgebung zum Träger symbolischer Inhalte der Außen- und Innenwelt werden kann, soll zu einer Erfahrung werden, die Vorbeugung, Linderung, Besserung oder Heilung bewirken kann.

Das besondere Zusammenspiel von experimentellem Handlungsraum und begleitendem

Verstehen initiiert Veränderungsprozesse, deren Wirkungsweisen durch die Entwicklungspsychologie hinreichend belegt sind.

Kunst ist eines der ältesten menschlichen Kulturprodukte und das Ergebnis eines kontinuierlichen kreativen Prozesses. Das Kunstwerk steht meist am Ende dieses Prozesses, spätestens seit der Moderne kann es aber auch der Prozess selbst sein: so auch im Rahmen der Kunsttherapie, in der sowohl die Entstehung als auch das fertige Werk in die Betrachtung einfließen.

Das künstlerische Vorgehen ist unbestritten die Basis der kunsttherapeutischen Methode: Das angebotene Material (beispielsweise Papier, Farben, Ton, Knete usw.) wird im Handlungsraum sinnlich wahrnehmend, spielerisch, durch haptische Bewegung in Verbindung mit dem Körperselbst verwandelt und zu etwas Sichtbarem, Visuellen und somit auch etwas Bleibendem gestaltet.

In Anlehnung an einen zeitgenössischen Kunstbegriff und den entsprechenden Theoriemodellen aus den psychodynamischen Ansätzen in der Psychotherapie kann das Werk gemeinsam mit dem Therapeuten angeschaut, verstanden und emotional geteilt werden. Und wenn Sprache adäquat genutzt werden kann, auch in Worte gefasst und besprochen werden.

Entstehungsprozesse moderner Kunst werden oft ähnlich wie die Vorgehensweisen in der Therapie beschrieben, obwohl es sich in ihrer Zielsetzung zunächst um völlig verschiedene Bereiche handelt:

Künstlerische Kompetenzen umfassen die rezeptiven Kompetenzen mit allen Aspekten unmittelbarer ästhetischer, erfahrungs- und wissensbasierter Wahrnehmung, während die produktiven Kompetenzen die Befähigung zum interaktionellen, prozessualen und operativen Handeln und die daraus unmittelbar abzuleitenden Erfahrungen beinhalten. Reflexive Kompetenzen fassen rückbezüglich Fähigkeiten zusammen, die Erkenntnisse genießen, deren Transfer in andere Kontexte ermöglichen und in kommunizierbare Formen übersetzen. Aufgeführt sind ausschließlich Kompetenzen, die sich auf die Kunst beziehen und von zentraler Relevanz für die Kunsttherapie sind. (Majer, 2015, S. 53)

Diese künstlerischen Kompetenzen unterscheiden sich im Prinzip nur wenig von den therapeutischen Kompetenzen. Ersetzt man lediglich den Begriff ästhetische Wahrnehmung durch empathische Wahrnehmung, scheinen die Fähigkeiten eines Therapeuten, den therapeutischen Prozess wahrzunehmen, zu gestalten und zu reflektieren, deutlich durch.

Im Begriff Therapie werden Maßnahmen zum Behandeln von Erkrankungen, Verletzungen und Entwicklungsstörungen aufgrund einer zuvor erlangten Diagnose zusammengefasst. Das Ziel der Behandlung sollte die Wiederherstellung oder Beschleunigung der Heilung, die Beseitigung oder Linderung der Symptome und die Wiedererlangung der Selbstwirksamkeit über die körperlichen oder psychischen Funktionen sein.

Die therapeutische Funktion der Kunst erschließt sich nicht aus der bildenden Kunst heraus, sondern aus den Kriterien der Heilkunst: Ein interaktionelles und intersubjektives Verständnis der therapeutischen Beziehung führt dazu, dass spontanes Handeln, intuitives Arbeiten, Kreativität, szenisches Agieren und Performanz einen zentralen Raum einnehmen. Insofern ereignen sich künstlerische Prozesse in der Psychotherapie: Das Material ist hier sowohl inner-seelisches Material (Fantasien, Träume, Assoziationen usw.) als auch äußeres Material (Gestaltungen, Bilder, Installationen, aber auch die reale Lebenssituation, Beziehungsgestaltungen usw.). (Bolle, 2015, S. 153)

Es bedarf der Selbsterfahrung, der Freude am sinnlichen Spiel, dem Ausprobieren, Nachahmen und dem Entdecken im künstlerischen Handeln. Der Umgang mit dem Material umfasst: greifen, begreifen und das Entstehen von äußeren Bildern, was im therapeutischen Prozess zum Verstehen von inneren Bildern und Motivationen führen kann.

Bild 1 (aus dem Archiv der Autorin)

Der Blick der Kunst-Therapeut*innen setzt sich zusammen aus Empathie, künstlerischem und psychodynamischem Wissen und den gespeicherten Bildern der eigenen Lebensgeschichte. Diese einzigartige Vernetzung ermöglicht Resonanz und Spiegelung in einem Handlungs- und Verstehensraum und dem Umgang mit Übertragung und Gegenübertragung.

Kunsttherapie und Imagination

Jung betrachtet das Gestalten von Bildern als eine Form der Aktiven Imagination.

Insgesamt gehen wir davon aus, dass der Handlungsraum (der Umgang mit dem Material), eine Mischung aus bewusstem und unbewusstem Vorgehen ist. In der Regel z. B. ist die Auswahl der Malmaterialien bewusst, es bedarf einer Entscheidung, ob mit flüssigen Farben oder Stiften gearbeitet wird, ob den spontanen Bewegungen über die Hand Raum gegeben wird: ohne Vorstellung und Absicht, abstrakt, oder ob bereits eine innere Bildvorstellung, ähnlich einer inneren Fotografie vorhanden ist, die umgesetzt werden soll. Normalerweise sind Träume „Bilder oder Geschichten" aus dem Unbewussten, während im künstlerischen Tun die Schichten des Bewusstseins immer mehr oder weniger als kontrollierende Instanz vorhanden sind.

Gemalte Bilder können Ausgangsort für Imaginationen sein: Sie entsprechen sozusagen Orientierungspunkten auf einer Landkarte, die dann zu weiteren inneren Bildern führen, beziehungsweise wie bei Nacht-Träumen die Fülle der inneren Landschaften eröffnen.

In der Praxis wird häufig der umgekehrte Weg gegangen und Patient*innen werden ermutigt, ihre Imaginationen zu gestalten.

Dies kann in Form einer einfachen Zeichnung geschehen, die lediglich die Funktion hat, den Tagtraum diagrammatisch festzuhalten, wie im Bild 1 oben: Es kann so immer wieder erinnert, angeschaut und bedacht werden. Die formale Gestaltung (Bildraum, Strichqualität, Komposition, Farbe) wird beim Besprechen nicht beachtet –gleichwohl sie in die Wahrnehmung der Gegenübertragung mit einfließen sollte.

Ein weiteres Vorgehen ist die Bearbeitung der Imagination anhand des entstandenen Bildes. Zentral ist dann die Weiterverarbeitung durch die Frage, welches Bild aus einer Fülle von filmartig ablaufenden inneren Bildern gemalt und ins Hier und Jetzt geholt und entäußert wird und welchem Ausschnitt dadurch eine besondere Bedeutung zugeschrieben wird. Hier tritt die Betrachtung des Bildes mit allen Facetten von formalen und inhaltlichen Kriterien in den Mittelpunkt. Das Bild konzentriert sowohl strukturelle Aspekte, Symbole, fungiert als Spiegel der Beziehung und bildet den therapeutischen Raum ab.

Immer wieder problematisch ist, wenn in einer Imagination z. B. eine Waldlichtung als Ort der Geborgenheit imaginiert wird, und das gemalte Bild aber eine fragmentierte Komposition mit nicht verwurzelten Bäumen und einer bedrohlichen Wolke zeigt. Das was in der Imagination als heilsames inneres Bild aufgerufen werden konnte, sieht in der Umsetzung eher bedrohlich aus. Die Diskrepanz zwischen der tief verborgenen Ressource, die in der Vorstellung bereits auftauchen kann und der Wirklichkeit, die im gezeichneten Bild zutage tritt, kann der Unterschied nicht nur dem Unvermögen, nicht gut malen zu können zugeschrieben werden, sondern einem strukturellen Defizit (Bild 1).

Beispielsweise geht eine Patientin in der Imagination einen Weg entlang und sieht sehr schnell eine Waldlichtung. Sie sagt, dort sei es sehr schön, und sie fühle sich geborgen. Dann bricht sie die Imagination abrupt ab und sagt, es reiche ihr. Ich bin erstaunt über ihr schnelles Augenöffnen, sie ist aber danach einverstanden, zu malen. Zum Bild 1 sagt sie, so sei es gewesen. Sie verstehe nicht, weshalb sie am Ende noch die Wolke hingekritzelt habe, sie störe und wirke bedrohlich.

Vermutlich hat sie bereits eine ungute Vorahnung in der Imagination die Augen öffnen lassen, um wieder Kontrolle zu erlangen und sich mit Blicken des Kontaktes zur Therapeutin zu versichern. Sie wählt dann Buntstifte, ein Material aus der Kindheit, beginnt spielerisch, um dann einer auftauchenden Spannung Ausdruck zu verleihen. Der Kritzelknäuel taucht als Struktur in den allerersten Kinderzeichnungen auf und verweist auf eine frühe Entwicklungsphase, in der das Körpererleben des Kleinkindes noch keine vollständige eigene Grenze aufgebaut hat. (Vgl. Egger, 1984)

Durch die Regression tauchten aus dem Unbewussten nicht nur das Erleben von Geborgenheit, sondern auch die Wurzeln einer frühen Störung auf. In der Therapie muss beides berücksichtigt werden.

Wenn künstlerische Werke als Ausgangspunkt für Imaginationen dienen, sind sie Projektionsfläche für Szenen aus dem Unbewussten. Das kann sowohl beim Rundgang durch eine Ausstellung in einem Museum geschehen oder durch bewusst ausgewählte Bildkarten in einer Therapiesituation. Über einen Projektionsprozess wird eine Imagination in Gang gesetzt, die eine Verbindung schaffen kann zu den Innenwelten des jeweiligen Betrachters.

Eine Patientin mit einer generalisierten Angststörung (Bild 2) sieht sich in einer Imagination auf einem Waldweg. Die Anregung der Therapeutin, die Umgebung näher zu beschreiben, nimmt sie zum Anlass, sich nicht mehr im Wald, sondern auf einem Feldweg zu befinden. Sie wechselt dann im Tagtraum immer hin und her zwischen Wald- und Feldweg und kann sich nicht für einen entscheiden, da beide Wege angenehm seien.

Anschließend malt sie ein Bild, in dem das Blatt - in der Mitte geteilt - beide Bilder nebeneinander zeigt (Bild 2, nächste Seite).

Sie wählt ein DIN-A2-Blatt und Pastellkreiden. Mit einer dunkelgrünen Kreide zieht sie eine horizontale Linie und zeichnet die Form des Weges vor, dann nimmt sie eine gelbe Kreide für den etwas weniger starren Feldweg, den sie zum Horizont hin offen lässt, während der Waldweg ähnlich einer Kegelform geschlossen wird. Beide Seiten werden mit einem sanften grüngelb grundiert, dann malt sie mit heftigen Bewegungen den dunkelgrünen Wald und erschrickt – sie beruhigt sich mit den sanften Bewegungen in Gelbgrün auf der Feldseite. Dann wird der Waldweg gestaltet, den sie als sehr sicher und geschützt beschreibt – den hellen Feldweg beschreibt sie als ausgetrocknet mit Rissen, … worauf man aber gut gehen könne.

Zunächst empfand die Patientin das Bild als sehr stimmig und gut gelungen. Die Seelenreise in der Imagination erlebte sie als Spiegel ihrer Wünsche, einerseits nach Geborgenheit, andererseits als Sehnsucht nach Freiheit.

In der subjektstufigen Betrachtungsweise haben wir über ihren inneren Bilderreichtum im Sinne einer Ressourcen-Anreicherung und die Möglichkeiten gesprochen, die ihr das Leben

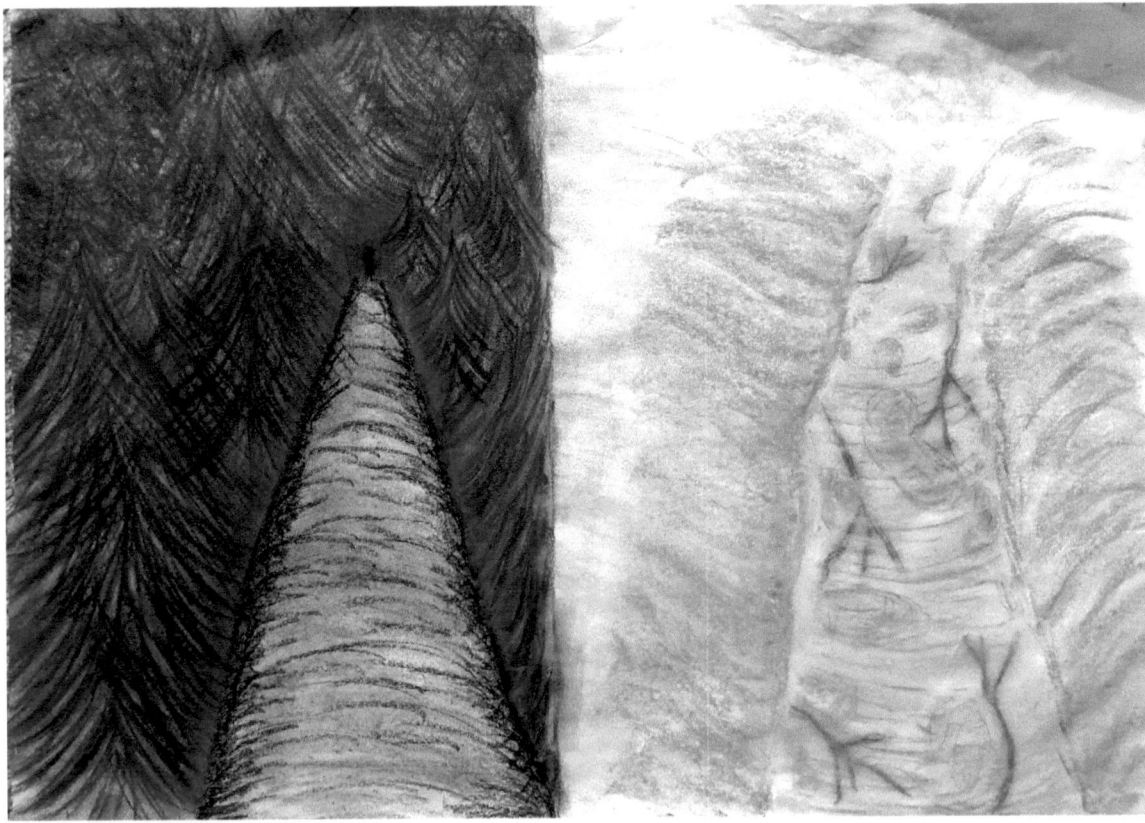

Bild 2 (aus dem Archiv der Autorin)

bietet: was auf dem Feld angebaut werden könnte und wie in einem Anschlussbild die Weiterführung des Weges aussehen könnte.

Das Bild führt ihr viele unterschiedliche Aspekte ihrer aktuellen Situation vor Augen. Auf der Objektstufe spiegelt es die Unzufriedenheit in ihrer Beziehung (gehen oder bleiben); die eigene Verlorenheit bis hin zu Symbolisierung ihrer Eltern: der depressive Vater im Bild des Waldes und die bedürftige Mutter in der Seite des Feldes – sie als einziges Kind immer um Ausgleich zwischen beiden bemüht ...

Häufig wird der Kunsttherapie Ressourcen-Orientierung zugeschrieben. Aber bei beiden Bildern wird deutlich, dass in jedem Bild sowohl Möglichkeiten als auch Konflikte sichtbar werden. Echte Ressourcen können nur durch das Erkennen der Konflikte in sinnvoller Weise gefördert werden, denn gerade die Förderung der Ressourcen kann zur Lösung der Konflikte beitragen. Wenn z. B. eine Pflanze in einem Bild dem Vertrocknen nahe ist, hilft es nicht, sie noch mehr Sonne auszusetzen, sondern es

fehlt Wasser. So betrachtet, können Bildelemente immer beides verkörpern.

Ein weiteres Vorgehen in der Bearbeitung von Bildern geschieht durch Amplifikation und Assoziation. Gerade die Anreicherung durch archetypische Symbolbilder erweitert das therapeutische Verständnis und verortet es in einem weiteren Kontext.

So kann der dunkelgrüne Wald symbolisch dem Reich der Psyche und dem weiblichen Prinzip zugeordnet werden – ein Ort mit unbekannten Gefahren, das Feld als Erde oder Ort der Fruchtbarkeit, wo etwas wachsen könnte, der Weg als Ort der Bewegung, des Übergangs, hier im Bild eine Sackgasse, oder er führt ins Nichts.

Betrachtet man die Imagination und das anschließend gemalte Bild zusammen, bilden sie eine Einheit in einem komplexen Therapieprozess. Während hier in der Imagination eher die Ressourcen zutage getreten sind (im Bild des Waldes als Ort des Schutzes und Geborgenheit und im Feld die Seite der Möglichkeiten, des Wachstums, der Weite), werden im Handlungsraum des Malens die Hürden der Symptomatik, der Konflikte und der Realität sichtbar.

Die schwierigen Seiten haben sich in meinen Gegenübertragungsfantasien und den Problemen der Patientin im Alltag gezeigt.

Die Kombination von Kunsttherapie und Imagination erweitert auf kreative und anschauliche Weise die Möglichkeiten, therapeutische Prozesse zu initiieren, zu lenken und sich mit den unendlich vielen in uns gespeicherten Bildern zu verbinden und zu verstehen.

Zusammenfassend blicken wir auf die Beziehung des Bildes zur Imagination und auf den Prozess der Bildentstehung. Auf der Suche nach unserem Selbst führen uns sowohl Bilder wie auch Imaginationen zum unzerstörbaren Kern unserer Lebenskraft, aber eben auch zu den Gefahren, die unser Ich immer wieder bedrohen.

Klara Schattmayer-Bolle
Prof., Kunst- und Gestaltungstherapeutin DAGTP, Professur an der HfWU Nürtingen, Fachbereich Künstler. Therapien, Lehrbeauftragte an der Katholischen Hochschule für Sozialwesen Berlin, im Aufbaustudiengang KunstTherapie an der HfBK Dresden, im Masterstudiengang Kunsttherapie an der AdBK München, ECP Europäisches Zertifikat Psychotherapie, Zulassung zur Heilkunde nach HPG, eigene Praxis, Supervision, Vorträge, Veröffentlichungen.

Literatur

Bolle, R. (2015). *Welche Kunst braucht die Kunsttherapie?* In: Majer, H., Niederreiter, L., Staroszynki, T. (Hrsg), (2015). Kunstbasierte Zugänge zur Kunsttherapie. München: Psychosozial-Verlag, S. 151-164.

Heiman, M., Schütz, M. (2017). *Wie Design wirkt.* Rheinwerk Design.

Jung, C. G. (1971). *Praxis der Psychotherapie. GW 16.* Düsseldorf: Walter.

Jung, C. G., Jaffé, A. (1962). *Erinnerungen, Träume Gedanken.* Zürich: Rascher.

Majer, H. (2015). *Künstlerische Kompetenzen in Wahrnehmungs-, Handlungs- und Reflexionsprozessen.* In: Majer, H., Niederreiter, L., Staroszynki, T. (Hrsg.) (2015). Kunstbasierte Zugänge zur Kunsttherapie. München: Psychosozial-Verlag, S. 49-64.

Schattmayer-Bolle, K. (2019). *Der therapeutische Blick in der Kunsttherapie – Konzepte, Interventionen und Prozesse.* Hrsg. DAGTP Stuttgart.

Titze, D. (2015). *Formanalytische Kunst-Therapie.* In: Majer, H., Niederreiter, L., Staroszynki, T. (Hrsg.) (2015). Kunstbasierte Zugänge zur Kunsttherapie – Potenziale der Bildenden Kunst für die kunsttherapeutische Theorie und Praxis. München, S. 199-212.

Alle meine Arbeiten, alles, was ich geistig geschaffen habe, kommt aus den Initialimaginationen und -träumen. [...]
Alles, was ich in meinem späteren Leben getan habe, ist in ihnen bereits enthalten, wenn auch erst in Form von Emotionen oder Bildern. Meine Wissenschaft war das Mittel und die einzige Möglichkeit, mich aus jenem Chaos herauszuwinden. Sonst hätte mir das Material angehaftet wie Kletten oder Sumpfpflanzen.
Ich verwandte große Sorgfalt darauf, jedes einzelne Bild, jeden Inhalt zu verstehen, ihn – soweit dies möglich ist – rational einzuordnen und vor allem im Leben zu realisieren. Das ist es, was man meistens versäumt. Man läßt die Bilder aufsteigen und wundert sich vielleicht über sie, aber dabei läßt man es bewenden. Man gibt sich nicht die Mühe, sie zu verstehen, geschweige denn die ethischen Konsequenzen zu ziehen. Damit beschwört man die negativen Wirkungen des Unbewußten herauf.
(Jung, Jaffé, 1962, S. 196)

Herz und Lunge – imaginiert und gemalt

Neue Wege der jungschen Kunsttherapie bei Organerkrankungen

Ingrid Riedel

Eine neue Aufmerksamkeit auf den unlösbaren Zusammenhang von Psyche und Soma hat auch in der jungschen Kunsttherapie neue theoretische Überlegungen und eine dem entsprechende neue Mal-Praxis ausgelöst. Hier gehen wir davon aus, dass auch unmittelbar zu den Organen wie Lunge und Herz und deren möglicher Belastung, also zu konkreten Organerkrankungen, imaginiert und gestaltet werden kann, so beispielsweise bei einer Entzündung der Lunge – einem Krankheitsbild, das durch seine Nähe zur gegenwärtig grassierenden COVID-19-Pandemie besonders aktuell geworden ist.

Der neue kunsttherapeutische Zugang könnte aber für alle organischen Erkrankungen relevant sein. Worum geht es da konkret? Wie geht man vor? Beispielsweise kann das Organ Lunge als Imaginationsmotiv gewählt und gestaltet werden, was z. B. zu der abgebildeten Zeichnung eines Organs mit zwei Flügeln führte (Abb. 1), der Zeichnung einer Frau (damals im späten Erwachsenenalter). Vorausgegangen war deren Versuch, die Lunge als Organ zu imaginieren und anschließend „entsprechend der Imagination" zu gestalten.

Eine relativ klare Zeichnung eines doppelgeflügelten Organs ist entstanden (Abb. 1), in Grün, einer Frühlings- und Hoffnungsfarbe. Alleine schon die relativ harmonische Form und diese Farbe der Zeichnung zeigen an: Für diese Frau ist die Hoffnung noch da, dass sie der Diagnose einer Lungenerkrankung, die vorausging, mit der Zuversicht begegnen kann, dass für dieses Organ, ihre Lunge, die trotz akuter Entzündung nicht vorgeschädigt ist, eine reale Chance besteht, wieder hergestellt zu werden. Wie wirksam eine solche innere Einstellung für die Chance zu realer Gesundung werden kann, weiß jeder Therapeut.

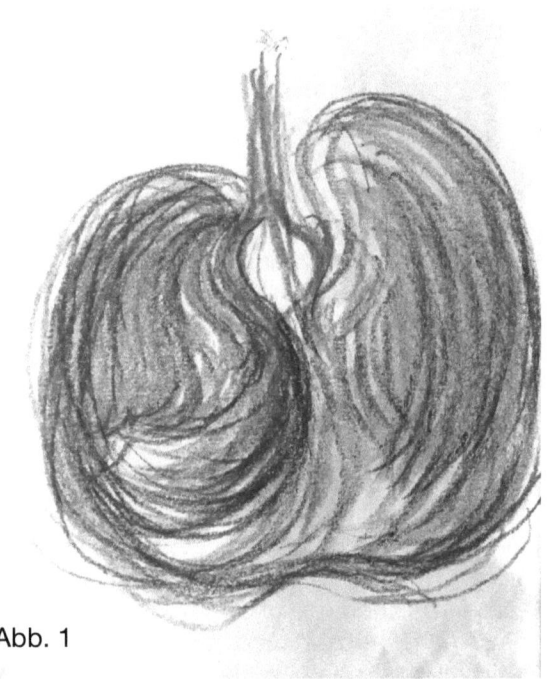

Abb. 1

Die Patientin leidet akut und fühlbar an Luftnot, die sie mit einer „Verstopfung" von Bronchien und Lunge in Verbindung bringt. Dem entsprechend imaginiert und malt sie in ihrem zweiten Bild (Abb. 2) eine enge Halspassage, Symbol einer Atembeklemmung, „malt es nun in Blau – einer „luftigen" Farbe – und hat den Einfall, nicht ohne Humor, nun da oben, am Eingang zu Hals und Rachen, eine Art „Schornsteinfeger", wie sie selbst sagt, zu platzieren, der mit einer Sonde, tief in den Hals- und Rachenraum eingesenkt, die "verstopften" Anteile, die den Atem blockieren, heraufholen soll, der den Atemraum also reinigen soll wie ein Kaminfeger den Schlot. Auch diese Zeichnung enthält noch die Hoffnung auf wirksame Reinigungsarbeit an der Lunge, wie sie z. B. der Arzt – zugleich ihr innerer Arzt – erreichen könnte.

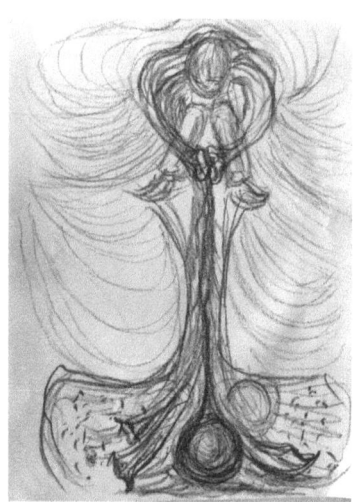

Abb. 2

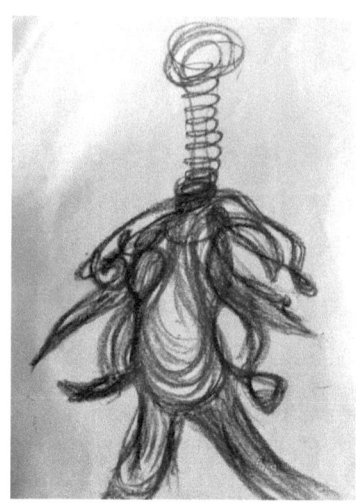

Abb. 3

Die Lunge ist aber, so wird ihr bei der Imagination und Gestaltung des dritten Bildes (Abb. 3) bewusst, doch stark entzündet, sie fühlt es ja auch – alles in der heißen Schmerzfarbe Rot! – und strahlt auf den ganzen Körper aus, dessen zerrissene Form jetzt auch anzeigt, dass es sie innerlich doch zu zerreißen beginnt, dieses Krankheitsgeschehen, das hier ihren Kopf, also ihr Bewusstsein und Steuerungsvermögen gar nicht mehr erreicht, der Kopf ist gar nicht dargestellt.

Doch versucht sich die Patientin in ihrem vierten Bild (Abb. 4) schon wieder, in ihrem Körper zu orientieren, vergewissert sich, wo die Organe „sitzen" und macht sich vor allem bewusst, dass ihr Herz – bisher gesund – Leben spendend und stärkend in den Prozess eingreifen und ihn zur Heilung hinwenden kann. Wie, um diese Möglichkeit einer Wandlung zu bekräftigen, ist hier die Lungenpartie in Violett – die Spannungs- und auch Wandlungsfarbe – getaucht.

Als letztes Bild dieser Reihe (Abb. 5) zeige ich die Gestaltung der fünften Imagination, in der die Herzkraft – als eine Frau in Rot – sich über die beiden Lungenflügel emporschwingt, hinaufschwingt, und jetzt wie schützend mit ausgebreiteten Armen über ihnen steht. Mit diesem Bild spürt die Gestalterin selbst und stellt es dar, dass sie sich über die Lungenerkrankung hinausgehoben fühlt, dank ihres starken Herzens.

Ohne in alle Einzelheiten gehen zu wollen, lässt sich an dieser Bilderfolge ablesen, für die gestaltende Frau selbst wie

für jeden ihrer Therapeuten, dass hier eine hoffnungsvolle Grundeinstellung besteht, die auch bei einer schweren Lungenerkrankung die Heilungschancen erhöht. Von dieser starken Selbstheilungskraft, die auch das Immunsystem verstärkt, hätte sie ohne ihre Imaginationen und den daraus entstehenden Bildgestaltungen gar nicht gewusst, jedenfalls ist sie ihr über ihrem Malen erst bewusst geworden.

Das Imaginieren und Malen von Organen und Prozessen im Körperbereich ermöglicht eine Teilnahme des ganzen Menschen, mit Psyche und Soma, an einem Krankheitsprozess, den es zu verstehen und auch mithilfe des Verstehens zu bewältigen gilt. Es ermöglicht und ergibt eine Zuwendung zu den konkreten Organen, die Zuwendung brauchen, da sie erkrankt sind und zu versagen drohen.

Auch wenn eine Heilungschance besteht wie im vorliegenden Fall, muss der Ernst der Lage, die Gefährdung eines lebenswichtigen Organs, psychisch erst erfasst werden, um sich in der Krise richtig verhalten zu können. Zu der bereits hilfreichen Vorstellung, es müsse ein Kaminkehrer eingesetzt werden, um die Verstopfungen und Verschlackungen im verengten Hals- Rachenraum auszuräumen (Abb. 2) – eine Vorstellung, die das Zutrauen zum notwendigen Tun des Therapeuten, das der Patientin zunächst übertrieben erscheint, verstärken mag – muss da noch die Wahrnehmung hinzukommen, dass der Körper doch schier zerrissen wird unter der Hitze der Entzündung (in flammendem Rot gemalt), damit

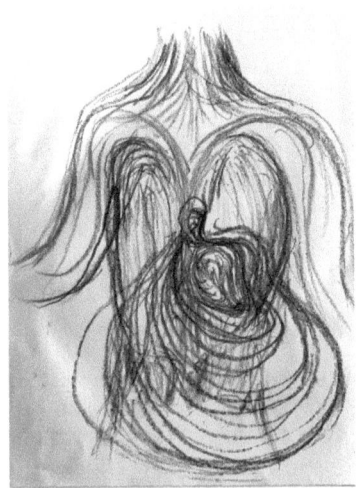

Abb. 4

Abb. 5

die Patientin die notwendige Einstellung selbst gewinnt. Ihr Kopf kommt da nicht mit, er ist hier gar nicht dargestellt (Abb. 3).

Die Einsicht in den Ernst der Erkrankung, die sie durch ihre inneren Bilder und deren Darstellung gewinnt, ermöglicht ihr nun, sich wieder auf den Zusammenhang ihrer körperlichen Prozesse zu besinnen, vor allem auf die rettende Rolle, die das bisher gesunde Herz hier spielen kann. So imaginiert und malt sie die Umrisse ihres körperlichen Innenraums und stellt den verdunkelten Lungenflügeln das Lebensrot des Herzens und dessen umfangende Gebärde gegenüber (Abb. 4).

In der letzten Imagination verdichtet sich die Kraft des Herzens in einer weiblichen Figur, die, befreit und befreiend über den beiden Lungenflügeln steht, schwebt, mit weit geöffneten Armen, als gäbe sie dem Prozess ihren Segen (Abb. 5).

Die Patientin spürt – und der Betrachter des Bildes mit ihr – dass der Entzündungsprozess der Lunge durch die Herzkraft dieser ganzen Person überwunden ist.

Doch dazu musste sie ihn innerlich, imaginierend und malend, mitvollziehen, um ihn zu verstehen und – unter Einbeziehung bis dahin unbewusster Impulse – der Heilung entgegenzuführen. Was es wert ist, wenn die Patienten und Patientinnen bei einem organischen Krankheitsverlauf innerlich mitgehen und ihn, immer mehr verstehend, verantwortlich mittragen, weiß jede Therapeutin, jeder Arzt. Dazu aber kann Maltherapie beitragen, da sie durch Imagination, z. B. auch der inneren Organe,

das symbolisierende Unbewusste einbezieht und durch die bewusste Gestaltung der Bilder den Patienten ein vertieftes Verstehen und Mitverantworten des Krankheits- und Heilungsgeschehens ermöglicht.

Literatur

Riedel, I., Henzler, C. (2016): *Maltherapie: auf Basis der analytischen Psychologie C. G. Jungs*. Ostfildern: Patmos

Riedel, I.: (2005): *Bilder in Psychotherapie, Kunst und Religion*. Stuttgart: Kreuz

Riedel, I.: (1999): *Farben in Religion, Gesellschaft, Kunst und Psychotherapie*. Stuttgart: Kreuz

Ingrid Riedel
Prof. Dr. theol., Dr. phil., Psychotherapeutin in eigener Praxis. Dozentin und Lehranalytikerin an den C. G. Jung-Instituten Zürich und Stuttgart, Honorarprofessorin für Religionspsychologie an der Universität Frankfurt/Main.

Aktive Imagination in der Arbeit mit Kindern und Jugendlichen

Britta Herb-Kienzle

1. Einleitung

Die Aktive Imagination (AI) nach C. G. Jung ist eine Imaginationsmethode, die im Bereich der jungschen Erwachsenentherapien einen etablierten Platz gefunden hat. Aber wie sieht es im KJP-Bereich aus? Kann die Methode auch bei Kindern, Jugendlichen und jungen Erwachsenen sinnvoll eingesetzt werden? Bzw. stellt sich die Frage, wo sich aktive Imaginationen im Therapieprozess ereignen und welche Aufgaben Kinder- und Jugendlichenpsychotherapeut/-innen dabei zukommen können.

2. Akive Imagination in der Kinder- und Jugendlichenpsychotherapie

Aktive Imagination war bei Jung ursprünglich ein weitgefassterer Begriff, bei dem es um „die Gestaltung des Symbols" ging,

> [...] sei diese eine bildnahe Weiterführung eines Symbols in der Vorstellung oder mehr darstellerisch in einem gemalten Bild oder in einer modellierten Gestaltung. Auch das Darstellen im Tanz wurde ursprünglich als Aktive Imagination bezeichnet.
> (Kast, 2012, S. 187)

Im Laufe der Zeit wurde das Sich-Entwickelnlassen von Fantasiebildern im wachen Zustand und die Auseinandersetzung damit als Aktive Imagination bezeichnet. In der Arbeit mit Kindern und Jugendlichen ist es aus meiner Sicht hilfreich, den ursprünglich weitgefassteren Blickwinkel mit einzubeziehen.

Arbeit mit Kindern

Kinder sind noch viel stärker und unmittelbarer mit ihrem Unbewussten verbunden und verarbeiten innere und äußere Konflikte mit kindlicher Neugier und großer Ernsthaftigkeit im Spiel. Insbesondere im Rollenspiel und im Sandspiel lassen Kinder ihrer Fantasie freien Lauf und die Therapeutin oder der Therapeut bekommt häufig bestimmte Rollen zugeschrieben. Meines Erachtens können diese Spielszenen als Aktive Imaginationen bezeichnet werden, weil eine aktive Auseinandersetzung des heranreifenden Ichs mit unbewussten Anteilen sowohl auf subjekt- als auch objektstu-

Sandspieltherapie nach Dora M. Kalff, Regal mit Figuren (wikimedia.org)

figer Ebene stattfindet und auf archetypischer Ebene ein Zugang zur Schöpfungsenergie gelingen kann.

Vor allem im Rollenspiel ist die Therapeutin bzw. der Therapeut gefordert, sich „mit Haut und Haaren" auf die Beziehung mit dem Kind einzulassen bei gleichzeitig intensiver Reflexion der Übertragungs- und Gegenübertragungsprozesse, was bedeutet, mit einem Fuß im Geschehen und mit dem anderen draußen zu sein.

Auf objektstufiger Ebene werden z. B. kindliche Beziehungsschwierigkeiten im Umgang mit Eltern und Geschwistern deutlich. Subjektstufig betrachtet werden auf die Therapeut*innen häufig psychische Anteile des Kindes übertragen, die es selbst schwer aushält, und diese müssen erleiden, was das Kind unbewusst ängstigt und verunsichert. Indem sie sich auf das Spiel einlassen, hat das Kind ein haltgebendes Gegenüber, das die Gefühle mitträgt und benennen kann.

Nach Bions Vorstellung des „Containment" nehmen die Therapeut*innen die beängstigenden Gefühle auf, „verdauen" sie und geben sie in bereinigter Form an das Kind zurück (vgl. Bion, 1992). Und so kann im gemeinsamen Prozess, im geschützten therapeutischen Raum ein Zugang zu neuen Verhaltens- und Erlebensmustern gefunden werden.

So zaubert z. B. ein vitales achtjähriges Mädchen in der Initialphase der Therapie der Therapeutin im Spiel als Hexe zu enge Kleider an und sagt: „Jetzt kannst du dich nicht mehr bewegen!" Die Therapeutin fühlt eine schier unerträgliche Ohnmacht und Verzweiflungswut. Auf objektstufiger Ebene wird die schwierige Eltern-Kind-Beziehung (wenig elterliche Empathie, viele Maßregelungen) deutlich. Subjektstufig betrachtet zeigt sich in der Hexe ein kontrollierendes Ich, das Ängstigendes abwehrt, die unerträglichen Gefühle werden mithilfe projektiver Identifikation bei der Therapeutin untergebracht und können so in Bearbeitung kommen.

Im weiteren Spielverlauf zeigt sich, dass sich etwas wandeln kann. Die Patientin kreiert ein neues Spielgeschehen: „Wir beide wären jetzt auf einem fliegenden Sternenteppich, wären Freundinnen und tanzen." Hier zeigt sich als Entwurf der Seele, dass das Kind im Therapieverlauf mit Hilfe der positiven Übertra-

gungs-Beziehung aus seiner Bewegungsstarre herausfinden und an die universelle Schöpfungskraft (Sternenhimmel) anknüpfen kann.

Was Erwachsene in der Auseinandersetzung mit inneren Imaginationsfiguren erleben können, ein Herausfinden aus erstarrten Mustern, wird für Kinder im Rollen- und Sandspiel intensiv sinnlich erleb- und erfahrbar. Für Erwachsene und Kinder gilt ja zugleich:

> Die schöpferische Betätigung der Einbildungskraft entreißt den Menschen seiner Gebundenheit im „nichts als" und erhebt ihn in den Zustand des Spielenden. Und der Mensch ist, wie Schiller sagt, nur da ganz Mensch, wo er spielt.
> (Jung, GW 16, § 98)

Zu beachten ist freilich, dass Kinder noch in realen Abhängigkeitsbeziehungen leben, was eine besondere Herausforderung an die Elternarbeit stellt.

Eine nicht zu unterschätzende Herausforderung ist auch die Arbeit mit komplex traumatisierten Kindern. Wenn sich destruktive Spielszenen in „Dauerschleifen" ereignen, ist es oft erforderlich, eine Grenze zu setzen, weil deutlich wird, dass Kinder allein nicht aus diesen Mustern herausfinden. Dann ist es notwendig, dass die Therapeut*innen aktiv an der Gestaltung sicherer Räume mitwirken. Auch mit jüngeren Kindern ist es möglich, einen sicheren Ort und hilfreiche Gestalten, wie sie aus der Traumatherapie bekannt sind, zu imaginieren (vgl. Leibig, M., 2014).

So ist z. B. ein kleiner Adoptivjunge, der im Herkunftsland viel Bedrohliches erlebt hat und auch bei der Adoptivfamilie viel Unsicherheit erlebt, sowohl im Sand- als auch im Rollenspiel immer wieder von Eindringlingen bedroht, die ihn ängstigen. Auch die Therapeutin bekommt fortwährend Rollen zugeschrieben, in denen sie ohnmächtig und hilflos alles ertragen soll. In der Gegenübertragung entsteht die Sehnsucht nach einem wirklichen sicheren Ort, bei gleichzeitig fühlbarer Trägheit und Müdigkeit und dissoziativen Phänomenen. In diesem Falle war es entwicklungsfördernd, als Therapeutin im Spiel aus der vorgeschriebenen Rolle aktiv auszusteigen und eine Verteidigung gegen weitere Eindringlinge zu initiieren.

Imagination

aus dem Archiv der Autorin

Im weiteren Verlauf konnte der Junge zunehmend Rollenspiele mit Heldenkämpfen gestalten und Heldenkraft entwickeln.

Arbeit mit Jugendlichen

Zu Beginn der Pubertät verändert sich der Zugang zur AI häufig. Der Übergang vom Kind zum Jugendlichen ist im Spielgeschehen häufig daran ersichtlich, dass Kinder sich nicht mehr so unbedarft den Rollenspielen zuwenden oder diese gar nicht mehr spielen. Der Zugang zur AI zeigt sich dann z. B. an gemalten Bildergeschichten. Im Folgenden soll am Beispiel eines 13½-jährigen Jungen aufgezeigt werden, wie sich ein AI-Prozess abspielen kann und welche Möglichkeiten sich für Therapeut*innen bieten können.

Ein komplex traumatisierter Junge war seit langem in analytischer Behandlung. Immer wieder kam es im häuslichen Rahmen zu massiven Impulsdurchbrüchen gegenüber den Eltern. Auf der bewussten Ebene war wenig Weiterkommen möglich, denn sowohl beim Patienten als auch bei den Eltern waren massive Verdrängungs- und Verleugnungsmechanismen vorhanden. Auf Nachfrage erinnerten sich alle Beteiligten nicht mehr an Abläufe, von massiven Schuld- und Schamgefühlen konnte ausgegangen werden. Der Patient hatte aber einen sehr guten Zugang zu seinem Unbewussten und zu seinem Schöpfungspotenzial. Manche Stunden verbrachten wir lange Zeit schweigend, er malte, ich war präsent und immer wieder schilderte er spontan Geschichten zu seinen Bildern. In folgendem Bild konnte seine innere Not Stück für Stück ins Bewusstsein kommen:

Zu Beginn der Malaktion waren dissoziative Phänomene in der Gegenübertragung spürbar, als der Junge zu reden begann, lösten sich diese auf. Er berichtete: „Ein Auto rast zu schnell, übersieht eine rote Ampel, ein Unfall passiert." Ich erfuhr im Verlauf noch mehr: Es handelte sich um einen Bankräuber, der noch einen Komplizen, den Busfahrer, hatte und beide sollten nun von der Polizei gestellt werden. Vor meinen Augen spielte sich nun ein immer größer werdendes Kampfszenario ab. Jede Seite rüstete weiter auf, ein unaufhaltsamer Zerstörungskrieg nahm seinen Verlauf und der Autofahrer dachte darüber nach, sich umzubringen.

Objektstufig erkannte ich die Endlosschleifen der Eltern-Kind-Aggressionen, subjektstufig war deutlich: Destruktive Aggression sollte mit hohen Über-Ich Ansprüchen (verkörpert in den Polizeieinheiten) eingedämmt werden, was aber noch nicht leistbar war. Vor dem Hintergrund seines strukturellen

Defizits drohte die Gefahr, dass die bisher explodierende aggressive Kraft nun auch noch implodierte. Latente Suizidalität wurde in der Gegenübertragung als große Auswegs- und Hilflosigkeit spürbar.

In der Folgestunde ging die Malgeschichte weiter, eine Katze bekam vom Räuber einen Sprengstoffgürtel umgelegt. Sie sollte als Selbstmordattentäterin das Polizeiauto vernichten. Die totale Zerstörung konnte nur dadurch verhindert werden, dass die Räuber ein überdimensionales Schwimmbecken aufstellten, um eine herabfallende Atombombe im Wasser aufzufangen. (Die rettende Idee kommt aus dem Unbewussten). Das Fiasko endete mit der Gefangennahme des Räubers, der für sieben Jahre ins Gefängnis musste.

In dieser depressiv anmutenden Stimmung schlug ich eine Imagination vor: „Wir beide könnten doch den Gefangenen besuchen und mit ihm sprechen." Der Patient konnte sich einlassen und berichtete mir, was der Gefangene erzählte. Immer wieder stellte auch ich Fragen, um herauszufinden, was den Gefangenen innerlich bewegte. Erstmals gelang es, dass der Patient in der Therapiestunde bewusst Zugang zu seiner inneren Not und zu seinen Gefühlen von großer Wut, Einsamkeit und Schuld bekam. Ein Zugang zu Wiedergutmachung konnte entstehen und der Gefangene beschloss am Ende der Imagination , ein Katzenbild in seiner Zelle aufzuhängen und

anschließend holte der Patient eine Katze aus dem Spielregal.

Am geschilderten Prozess wird deutlich, dass das Malen und Erzählen einen intensiven Prozess auf der Ich-Selbst-Achse in Gang brachte, der durch die AI mit dem Gefangenen noch intensiviert werden konnte. Ein Zugang zu den „gefangenen Schattenanteilen" des Jungen und eine Differenzierung seiner Fühl- und Denkfunktion wurden möglich, und mithilfe der transzendenten Funktion konnte über das Symbol der Katze (gegensatzvereinigend: z. B. anschmiegsam, anpassungsfähig, aber auch eigenwillig, unabhängig, unberechenbar) ein Zugang zur Heilkraft entstehen. Alte Muster konnten nun überwachsen werden, eine Anknüpfung an progressive Kraft gelang. Er malte in der Folgestunde den Entwurf eines Jugendzimmers und über seinem Bett platzierte er ein Katzenbild.

Je älter Jugendliche werden, um so mehr wird es auch möglich, die AI, wie sie aus der Arbeit mit Erwachsenen bekannt ist, durchzuführen. Manchmal können sich Jugendliche wie im gezeigten Beispiel spontan und unmittelbar auf innere Bilder einlassen und können Abläufe geschehen lassen. Manchmal sind aber auch Ängste und Hemmungen spürbar, die eine vorherige Entspannung (z. B. Bodyscan, Atemübung) erfordern. Häufig erlebe ich, dass Jugendliche bereits während des Prozesses von ihren inneren Bildern berichten oder auch die Therapeut*innen um Hilfe bitten, wenn ihnen Angstvolles begegnet. Hier gilt es achtsam zu erspüren, wo eine unterstützende Hilfe notwendig ist und wo es einfach nur um ein präsentes Dasein geht und Jugendliche selbst Möglichkeiten finden, mit den inneren Figuren umzugehen.

Auch lege ich, wie bei der Arbeit mit Erwachsenen, Wert darauf, dass nicht mit realen Gestalten imaginiert wird, damit, wie Ralf T. Vogel es beschreibt, „magische Wirkungswünsche" vermieden werden (2014, S. 34). In der Regel sind die AI kürzer als bei Erwachsenen, manchmal genügen schon kurze Sequenzen, um einen veränderten Zugang zu scheinbar unlösbaren Alltagssituationen zu finden. Hilfreich ist auch eine anschließende Gestaltung der AI, sei es im gemalten Bild oder auch als Darstellung im Sand.

Arbeit mit jungen Erwachsenen

Bei jungen Erwachsenen setzte ich die AI eher zum Ende von Therapieprozessen ein, um ihnen die Möglichkeit zu bieten, unabhängig von mir als Therapeutin zu werden. Manchmal erfordert es, wie bei älteren Erwachsenen auch, Geduld, weil entweder zu Beginn wenig gesehen wird oder auch weil, wie C. G. Jung es benannte, ein wahrer Bewusstseinskrampf (GW 13, § 22) entsteht und das taoistische Prinzip des Wu Wei (Tun im Nicht-Tun) erst wieder erlernt werden muss. Auch hier ist eine gemeinsame Annäherung an die AI im Therapieprozess aus meiner Erfahrung erst einmal hilfreich, um Ängste abzubauen und Sicherheit im Imaginieren zu gewinnen.

Häufig starte ich Imaginationsprozesse mit einer geführten Imagination zum sicheren Ort, an den junge Erwachsene jederzeit zurückkehren können. Als Einstieg für eine AI eignen sich unangenehme Gefühle und Situationen, in denen das bewusste Ich nicht weiterkommt, aber auch unverständliche Träume oder Traumfiguren, die Patient*innen näher kennenlernen möchten. Als Hinführung wähle ich mit jungen Erwachsenen einen Weg und entlasse sie dann an einem Tor oder einer Tür in ihr Seelenreich. Es ist hilfreich, wenn junge Menschen sich neugierig und offen auf die AI einlassen können. Einfach das wertzuschätzen, was die Seele in der jetzigen Situation preisgibt und das, was kommt, mit großer Ernsthaftigkeit anzunehmen, ist für Patient und Therapeut gleichermaßen von großer Bedeutung und eine große Herausforderung. C. G. Jung beschreibt es im Vorwort zum Geheimnis der Goldenen Blüte auch so: Man muss „sich selbst als ernsthafteste Aufgabe sich vorsetzen [...]." (Jung, GW 13, § 24)

Um möglichst viel Offenheit zu ermöglichen, versuche ich nicht vorschnell zu interpretieren. Die Haltung des I-Ging, wie es im Hexagramm Nr. 25 WU WANG / Die Unschuld (das Unerwartete) beschrieben wird, ist dabei hilfreich für mich. „Durch Hingabe an das Göttliche ... erlangt der Mensch eine lautere Unschuld, die ohne Hintergedanken an Lohn und Vorteil einfach das Rechte tut mit instinktiver Sicherheit" (Wilhelm, 2010, S. 124).

Manchmal erschließen sich Sequenzen erst viel später für mich und auch für Patient*innen. Eine 22-jährige Bulimikerin, die während des Therapieprozesses noch eine chronische Erkrankung bekam, die sie immer wieder mit dem Tod in Berührung brachte, konnte sich gegen Therapieende auf einen AI-Prozess einlassen. Aus dem Unbewussten trat ein Strand auf und sie traf immer wieder auf einen Surfer, der mit ihr in einer Strandhütte „chillte" und ihr das Surfen beibrachte. Das sinnliche Einlassen auf den Surfer, der – subjektstufig betrachtet – als Animusfigur verstanden werden kann, half ihr, sich wieder an ihre Lebensenergie anzuschließen und eine neue Haltung zum Leben zu finden. Objektstufig betrachtet traute sie sich wieder zu, Neues zu lernen, was sich daran zeigte, dass sie beschloss, trotz chronischer Erkrankung zu reisen und berufliche Chancen im Ausland zu nutzen.

Elternarbeit

Auch in der Arbeit mit Eltern kann die AI eingesetzt werden, wenn sich eine vertrauensvolle, tragfähige Beziehung zu den Eltern entwickelt hat. Eltern sind häufig maximal belastet, wenn Kinder psychisch erkrankt sind. Wenn Eltern Zugang zu ihrer Intuition haben, bietet die AI eine Möglichkeit, dass sie mit eigenen Schattenanteilen in Verbindung zu kommen.

Eine sehr bemühte Mutter hatte z. B. große Probleme, Zugang zu ihren Gefühlen zu finden. Mit großer Hingabe und Geduld saß sie täglich bei den Hausaufgaben des Sohnes, der ohne ihre Hilfe nichts arbeiten konnte. Ein

Zugang zu ihrer inneren Genervtheit war kaum möglich. Das Angebot, einmal über eine AI diese verzwackte Situation anzusehen, nahm sie gerne an. Sie traf auf einen kleinen Wicht, den „Grandelbert", und im weiteren Verlauf konnte sie über ihn zu ihrer Wut finden. Seither begleitet der „Grandelbert", mit dem sie innere Dialoge führt, ihren Alltag und die Hausaufgabensituation hat sich deutlich entspannt, weil der Junge nun nicht mehr Projektionsträger ihrer Aggressionen sein muss.

3. Schlussbemerkungen

Die vorliegenden Praxisbeispiele vermittelten einen kleinen Einblick, wo sich AI ereignen oder wie diese, auch modifiziert, eingesetzt werden kann. Für einen fruchtbaren Prozess erscheint es mir von großer Bedeutung zu sein, als Therapeutin selbst mit großer Präsenz und Ernsthaftigkeit in Verbindung mit dem Unbewussten zu sein. Denn wie C. G. Jung es in seinem Beziehungsquaternio verdeutlichte, sind ja Patient*in und Therapeut*in sowohl mit ihren bewussten als auch unbewussten Anteilen in einem komplexen Feld miteinander verbunden. Und manchmal kann nur durch die intensive Verbindung mit dem Unbewussten ein transzendierender Prozess erfolgen.

Kinder sagen dann z. B. im Handpuppenspiel: „Du kannst dir heute selbst aussuchen, welches Tier du bist", oder weisen einem im Sand einen Kasten zu und sagen: „Jeder von uns gestaltet heute eine Geschichte." Hier liegt nochmals eine besondere Herausforderung, die es anzunehmen und zu reflektieren gilt, und mit deren Hilfe es gelingen kann, die kindliche Seele von großer innerer Schwere zu befreien.

Literatur

Bion, W. R. (1992). *Lernen durch Erfahrung.* Frankfurt a.M.: Suhrkamp.

Jung, C. G. (1971). *Praxis der Psychotherapie, GW 16.* Düsseldorf: Walter.

Jung, C. G. (1978). *Studien über alchemistische Vorstellungen. GW 13.* Düsseldorf: Walter.

Jung, C. G., Wilhelm R. (1998). *Geheimnis der goldenen Blüte.* Düsseldorf: Diederichs.

Kast, V. (2012). *Imagination. Zugang zu inneren Ressourcen finden.* Ostfildern: Patmos.

Leibig, M. (2014). *Aktive Imagination mit Kindern und Jugendlichen.* In: Dorst, B./ Vogel, R. T. (2014). Aktive Imagination, Schöpferisch leben aus inneren Bildern. Stuttgart: Kohlhammer.

Müller, L., Müller, A. (2003): *Wörterbuch der Analytischen Psychologie.* Düsseldorf: Walter.

Vogel, R. T. (2014). *Der „geheimnisvolle Weg geht nach innen" - Grundlagen und Praxis der Aktiven Imagination.* In: Dorst, B., Vogel, R. T. (2014). Aktive Imagination, Schöpferisch leben aus inneren Bildern. Stuttgart: Kohlhammer.

Wilhelm, R. (Übers.) (2. Auflage 2010). *I Ging. Das Buch der Wandlungen.* Wiesbaden: Marix.

Britta Herb-Kienzle
Analytische Kinder- und Jugendlichen-Psychotherapeutin, niedergelassen in eigener Praxis, Dozentin am C. G. Jung-Institut Stuttgart.

Imagination

Im Zeichen des strahlenden Glanzes – schöner, reicher, berühmter, mächtiger ...

Die Schattenseiten der Fantasie
in der *Unendlichen Geschichte* von Michael Ende (4)

Die Kindliche Kaiserin überlässt Bastian das Amulett Auryn, der „Glanz". Auryn zeigt auf der einen Seite zwei ineinander verschlungene Schlangen, die sich in den Schwanz beißen (das alte Symbol des Uroborus, das unendliche, ewige Kreisen der Schöpfung und der polaren kosmischen Energien und ihr fortwährendes Sterben und Erneuern) und trägt auf der anderen Seite die Inschrift „**Tu, was du willst**". Dies sei eine Aufforderung, so lernt Bastian von der Kindlichen Kaiserin, seinen „Wahren Willen" zu finden. Der „Wahre Wille" sei sein tiefstes, unbekanntes Geheimnis, das er nur herausfinden könne, wenn er den Weg der Wünsche gehe.

Bevor Bastian aber das tiefste Geheimnis und Bedürfnis seines Wesens, nämlich geliebt zu werden und zu lieben, fühlen kann, verfällt er – auch unter dem Einfluss einer anderen schattenhaften Anima-Seite, der Zauberin Xayide – dem narzisstischen Wunsch nach Grandiosität und Macht. Er berauscht sich immer mehr an seinen neuen fantastischen phantásischen Fähigkeiten.

Er fantasiert sich vom Superhelden zum Kulturstifter, vom Leiderlöser zum Weisesten aller Weisen und will sich schließlich zum Kindlichen Kaiser, dem Herrscher Phantásiens, krönen lassen. Im Prozess dieser gewaltigen Selbsterhöhung wird sein anfangs freundlicher und wohlwollender Charakter immer kälter, härter und rachsüchtiger. Er möchte nicht mehr nur bewundert werden, sondern auch gefährlich und gefürchtet sein. So kommt es zu Kampf und Krieg.

Mehr als jedes andere Medium eröffnet das Internet uns heute die grenzenlose Welt des kollektiven Bewusstseins und des kollektiven Unbewussten, allerdings nicht von innen kommend, sondern von außen. Die imaginären virtuellen Welten, in die man dabei eintreten kann, sind in vielen Belangen der eigenen beschränkten Fantasie weit überlegen. Man kann mit Menschen aller Sprachen und Kulturen sprechen und kommunizieren, ganz reale wie auch reine Fantasieprojekte planen und realisieren, alles wissen und kennenlernen, spielen, malen, schreiben, Filme sehen und Musik hören, sich in allen Lebensbereichen beraten und trainieren lassen.

Die narzisstische Grandiosität der User und Konsumenten wird dabei oft in jeder nur denkbaren Hinsicht gefördert. Jeder soll ein Sieger sein, sich großartig, erfolgreich, attraktiv, begabt, beliebt fühlen, jeder soll seine Meinung sagen und alle möglichen Alltäglichkeiten und Belanglosigkeiten kommunizieren. Idealisierte Selbstbilder können beliebig konstruiert und retouchiert werden. Gegen dieses beglückende Gefühl, ein allseits bedeutungsvoller, wichtiger und attraktiver Mensch zu sein, wie es auch im Drogenrausch erlebt werden kann, hat es natürlich die alltägliche Realität schwer, sich zu behaupten.

... ein höllisches Gemisch von Erhabenem und Lächerlichem ...

Die Auseinandersetzung mit den Bildern des Unbewussten durch Traumarbeit und Imagination ist keineswegs ganz ungefährlich. Überhaupt ist bei psychischen Störungen die Arbeit mit dem Unbewussten nicht in jedem Fall die Therapie der Wahl: „Es wäre ein bedenkliches Vorurteil, zu glauben, daß die Analyse des Unbewußten das Allheilmittel und deshalb unter allen Umständen anzuwenden sei. Die Analyse des Unbewußten ist etwas wie ein chirurgischer Eingriff, und es soll nur zum Messer gegriffen werden, wenn andere Mittel versagen. Wenn es sich nicht aufdrängt, so läßt man das Unbewußte am besten in Ruhe." (Jung, GW 16, § 382)

C. G. Jung beschreibt einige der möglichen negativen Auswirkungen, die insbesondere darin bestehen, dass man sich von den unbewussten (archetypischen) Fantasien nicht mehr unterscheidet, sich mit ihnen unkritisch und unreflektiert identifiziert und von daher psychisch „inflationiert" wird :

> [...] die einen bauen damit ein unverkennbares, ja unangenehm gesteigertes Selbstbewußtsein oder Selbstgefühl auf; sie wissen alles, sie sind vollständig auf dem laufenden in bezug auf ihr Unbewußtes. [...] Die anderen aber werden heruntergestimmt, ja erdrückt von den Inhalten des Unbewußten. Ihr Selbstgefühl vermindert sich, und sie betrachten mit Resignation all das Außerordentliche, welches vom Unbewußten produziert wird.
> (Jung, GW 7, § 221)

> Wie der eine in einer sozialen Rolle, so kann der andere in einer inneren Vision verschwinden und damit seiner Umgebung verloren gehen. Manche unbegreifliche Veränderungen der Persönlichkeit, wie plötzliche Bekehrungen oder andere tiefgreifende Sinnesänderungen, beruhen auf der Attraktion eines kollektiven Bildes, das [...] eine so hochgradige Inflation erzeugen kann, daß die Persönlichkeit überhaupt aufgelöst wird. Diese Auflösung ist eine Geisteskrankheit, entweder vorübergehender oder dauernder Natur, eine „Seelenzerspaltung" oder „Schizophrenie".
> (Jung, GW 7, § 233)

> Das kollektive Element kündigt sich sehr oft an durch eigentümliche Symptome, zum Beispiel durch Träume, man fliege durch den Weltraum wie ein Komet, man sei die Erde, oder die Sonne oder ein Stern, oder man sei von außerordentlicher Größe oder zwerghaft klein, oder man sei gestorben, man sei an unbekannten Orten, sich selber fremd, verwirrt oder verrückt usw. Ebenso treten etwa Gefühle von Desorientiertheit, Schwindelempfindungen und dergleichen auf, zusammen mit den Symptomen der Inflation.
> (Jung, GW 7, § 250)

> Ich schrieb die Phantasien auf, welche mir oft wie Unsinn vorkamen und gegen die ich Widerstände empfand. Denn so lange man ihren Sinn nicht versteht, sind sie ein höllisches Gemisch von Erhabenem und Lächerlichem. Es hat mich viel gekostet durchzuhalten, aber ich wurde vom Schicksal dazu herausgefordert. Nur mit höchster Anstrengung konnte ich mich schließlich aus dem Labyrinth befreien.
> (Jung/Jaffé, 1962, Erinnerungen, Träume, Gedanken, S. 181)

Therapie mit der Säge – Imagination und Traumatherapie

Barbara Wild

On The Wings Of Freedom Foto: Romolo Tavani

Eine schwere, dicke und kalte Metallkette umwickelt den Körper meiner Patientin und verbindet sie mit einem Bild, das sie auf einer Leinwand vor der Tür meines Behandlungszimmers sieht. Dann jedoch kommt eine große Säge und beginnt langsam die Metallglieder zu durchtrennen. Erst als sie auf den weichen Körper der Patientin trifft, stoppt sie automatisch.

Dies ist kurz zusammengefasst die Imagination einer Patientin im Rahmen einer Traumatherapie mit TRIMB (Behutsame Trauma-Integration). Hier stellt sich die Patientin ein Bild aus der Erinnerung an das Trauma auf einer ebenfalls imaginierten Leinwand vor, wir sammeln gemeinsam die dabei auftretenden Gefühle und dann werden diese nacheinander als Verbindung zwischen ihr und diesem Bild imaginiert und letztendlich durchtrennt. In dieser Situation handelte es sich um das Gefühl der Resignation, die neben Gefühlen von Wut,

Ärger und Trauer gespürt wurde. Auch diese anderen Gefühle wollte die Patientin durchtrennen, imaginierte sie nacheinander (mit jeweils anderen Bildern – Feuerschnur, gleißend helle Fäden, Nebel) und durchtrennte sie mit unterschiedlichen Werkzeugen (Eis, Zauberschwert, Laserstrahlen – das Schöne bei Aktionen im Bereich der Einbildungskraft ist auch, dass die Physik keine Grenzen setzt).

Man geht davon aus, dass eine posttraumatische Belastungsstörung (PTBS) entsteht, wenn ein Trauma die inneren Bewältigungsstrategien des Betroffenen überstiegen hat. Das traumatisierende Erlebnis wird dann verändert im Gedächtnis abgespeichert.

Normalerweise werden im Gedächtnis Erlebnisse dual repräsentiert: sowohl in einem dem bewussten verbalen Ausdruck gut zugänglichen kontextuellen System als auch in einem mehr unbewussten, von schwer beschreibbaren körperlich-sensorischen Eindrücken gefüllten System. So erinnert man vielleicht nach einem erfolgreich bestandenen Examen sowohl Ort, Datum und Prüfungsinhalte als auch die körperlichen Gefühle der Anspannung vorher und der Erleichterung und Freude danach. Der sensorische Gedächtniseindruck verblasst mit der Zeit, wahrscheinlich auch durch die wiederholte Aktivierung der verbalen Gedächtnisinhalte. Bei extrem stressreichen Erlebnissen wird allerdings die sensorische Abspeicherung potenziert und die Bildung verbaler Gedächtnisinhalte reduziert.

Die starke sensorische Repräsentation des Erlebten führt dazu, dass das Trauma immer wieder unkontrolliert in Form von intrusivem, sich aufdrängendem Wiedererleben sehr erlebnisnah und realistisch aktuell im Bewusstsein auftaucht (Flashbacks). Das kann z. B. durch sensorische Auslöser, sogenannte Trigger, wie einen Geruch oder ein Geräusch geschehen, aber auch ohne äußeren Anlass. In der Folge ist das Trauma für den Betroffenen noch in der Gegenwart präsent, wirkt weiter, ist nicht vorbei.

Zudem führt diese veränderte Abspeicherung im Gedächtnis auch zu Erinnerungslücken. Das Ereignis kann nicht gut in einen Gesamtzusammenhang eingeordnet werden. Einzelne Erinnerungsfetzen stehen nebeneinander. Ähnlich wie im Traum kann es z. B. den Eindruck geben: „Plötzlich war da noch diese Person … irgendwie war ich dann in jenem Raum …", ohne dass der Betroffene genau erklären kann, wie das passiert ist. Diese Wiederhallerlebnisse (sog. Flashbacks oder Intrusionen, aber auch Albträume) sind ein Kardinalsymptom der PTBS. Sie können auch in Gestalt von körperlichen Reaktionen auftreten (z. B. Schmerzen, Taubheitsgefühle), ebenso wie durch Gefühlszustände oder ein Handeln, als ob das Trauma noch abläuft (z. B. die Augen zuzukneifen, wegzulaufen, …).

Weil die Stressreaktion und das Gefühl der Bedrohung anhalten, sind typische weitere Symptome mit psychischer und vegetativer Übererregung zu erklären: Schlafstörungen, Schreckhaftigkeit, vermehrte Reizbarkeit, Konzentrationsstörungen oder schlechtes Aushalten von stärkeren Gefühlen. Sie können auch in einem dissoziativen Zustand münden, also darin, dass das Bewusstsein verändert, eingeengt ist und Äußeres nicht mehr richtig wahrgenommen wird – bis hin zur Bewusstlosigkeit. Von außen wirken die Betroffenen abwesend, unkonzentriert und fallen möglicherweise sogar um. Die Ursache ist aber kein epileptischer oder kardialer Anfall, sondern ein psychisches und vegetatives Geschehen, das nicht lebensbedrohlich ist, aber zu einer Retraumatisierung führen kann.

Für die psychotherapeutische Behandlung existieren inzwischen verschiedene Verfahren mit Wirksamkeitsnachweis (NET: Narrative Expositionstherapie, EMDR: Eye Movement Desensitization and Reprocessing, PITT: Psychodynamisch Imaginative Traumatherapie, TRIMB: Behutsame Trauma-Integration und IRRT: Imagery Rescripting & Reprocessing). Auch Kunsttherapie kann hilfreich sein durch die Möglichkeit der Distanzierung und Symbolisierung im Bild. Die Wahl des Verfahrens ist abhängig von der Ausbildung des Therapeuten und den Bedürfnissen der Betroffenen. Eine eindeutige Überlegenheit eines Verfahrens wurde bisher nicht nachgewiesen (psychotherapeutische Vergleichsstudien sind methodisch sehr aufwendig). Die medizinische Forschung geht davon aus, dass zwei Drittel der Behandelten von einer Therapie profitieren. Dies ist allerdings nicht mit einer kompletten Heilung gleichzusetzen.

Diese Verfahren haben alle gemeinsam, dass sie zunächst eine psychische Stabilisierung erfordern und danach eine Konfrontation mit den traumatischen Erlebnissen und am Ende wiederum eine Stabilisierung und Einordnung stattfinden. Das zielt darauf, die im emotionalen Gedächtnis befindlichen Inhalte zu ordnen, die Emotionen zu vermindern und dem verbalen bewussten Verstehen zuzuführen.

Sie unterscheiden sich darin, wie der Ablauf der Konfrontation gestaltet wird (in fantasievoller Imagination, im Erzählen, …) und welche Gewichtung die Therapiebausteine Stabilisierung und Konfrontation erhalten.

Imagination, verstanden als die Fähigkeit, innere Bilder zu entwickeln, sie zu kombinieren und mit dem inneren geistigen Auge wahrzunehmen, hat in allen diesen Verfahren einen wichtigen Platz.

In der anfänglichen Stabilisierungsphase werden oft Imaginationen vermittelt, um negativen Erinnerungen etwas Positives entgegen-

Imagination

zusetzen, zum Beispiel in Form der Imagination eines geschützten Raumes. Dies kann helfen, sich zu beruhigen, indem man sich in der Fantasie einen geschützten oder sicheren Raum ausmalt, sich in ihn begibt und sich angenehme Tätigkeiten dort vorstellt. Auch die Tresorübung, in der eine belastende Erinnerung in einem Tresor verschlossen wird, gehört dazu. Hier wird signalisiert, dass belastende Erinnerungen begrenzt und aus dem Alltagsleben ferngehalten werden können. Andere Möglichkeiten der Distanzierung sind, sich das Trauma auf einer Leinwand oder einem Bildschirm vorzustellen und dann eine Fernbedienung, mit der man das Bild verkleinern, verdunkeln oder den Ton leise drehen kann.

In der Konfrontationsphase geht es dann um die Bearbeitung und Veränderung der Erinnerung an das Trauma.

Bei der NET werden traumatische emotionale Gedächtnisinhalte durch ein ganz detailliertes und chronologisch geordnetes Erinnern in verbale Gedächtnisinhalte verwandelt und so quasi entschärft. Dies geschieht mit häufiger Nachfrage der Therapeut*innen nach sensorischen Eindrücken, Gedanken und Gefühlen während des Erlebnisses. Oft wird hier plötzlich wieder erinnerlich, was vorher ganz verschwunden erschien. Dies kann auch Schuldgefühle reduzieren, z. B. durch die Realisation, wie wenig man in der Situation überhaupt tun konnte. Dies erscheint oberflächlich wie ein rationales Besprechen – tatsächlich aber findet ja ein Wiedererleben in der ganz konkreten Imagination statt.

Bei EMDR ist die Rolle der Imaginationen weniger klar. Hier werden durch die Therapeuti*nnen repetitive horizontale Augenbewegungen der Patient*innen induziert und diese angewiesen, zu warten, was in ihnen auftaucht. Dies sind manchmal Gedanken, oft Bilder, können allerdings auch Körpersensationen sein. Typischerweise werden die Bilder nicht gezielt verändert, eventuell aber durch Fragen der Therapeut*innen beeinflusst.

Bei PITT geht man davon aus, dass durch Traumata innere psychische Anteile (Egostates) entstanden sind, die wenig oder gar nicht bewusst wahrgenommen werden können, aber mit dem psychischen Wohlbefinden negativ interferieren (durch Selbstentwertung

Foto: Kiselev Andrey Valerevich (www.shutterstock.com

z. B.). Diese werden durch konkretes Erinnern des Traumas (mit Beschreiben der Sinneseindrücke, Gedanken und Gefühle) geweckt und dann mithilfe der Fantasie versorgt. Z.B. werden Patient*innen angeleitet sich vorzustellen, einen kindlichen Anteil aus der verletzenden Situation herauszuholen und an einen guten Ort zu bringen. Hierfür dürfen auch fantasierte Helfer (eine gute Fee, eine weise alte Frau, …) auftreten und die vorgestellte Versorgung beinhaltet z. B. auch genug Essen oder Gesellschaft von Freunden. Wichtig dabei ist, dass die Patient*innen dies gestalten, was oft durch rasch auftauchende Ideen auch gut möglich ist.

Auch in der IRRT wird zunächst das Wiedererleben des Trauma in sensu initiiert. Dann weren hier die Täter*innen in der Imagination konfrontiert und entmachtet durch das aktuelle Ich der Patient*innen. Am Ende werden Bilder der Beruhigung, Tröstung und Versöhnung entwickelt.

Bei TRIMB hingegen werden, wie im obigen Beispiel, die emotionalen Verbindungen zwischen Patient*in und dem Trauma (das auf einer Leinwand imaginiert wird) in der Fantasie betrachtet und letztendlich durch den/die Patient*in durchtrennt. Auch hierbei dürfen imaginäre Helfer und Werkzeuge eingesetzt werden – was auch immer Patient*innen für hilfreich und nötig empfindet.

Warum funktionieren diese Verfahren? Man sollte sich klarmachen, dass Imaginationen und Erinnerungen an das Trauma im selben Raum stattfinden – nämlich im Gehirn der Patient*innen. Hier sind Worte, Bilder, Körperwahrnehmungen lokalisiert, gespeichert und wirken sich, auch viele Jahre nachdem ein Trauma vergangen ist, immer noch aus. Sie sind präsent – und die Imagination ebenfalls.

Bei der Vorstellung von Bewegungen werden ähnliche Hirngebiete aktiviert wie bei ihrer tatsächlichen Ausführung. Bei Emotionen gilt dies bei der Betrachtung emotionaler Mimik anderer und dem eigenen Empfinden (Wild et al., 2003). So können auch durch imaginierte Handlungen neue, positive Erinnerungen erzeugt werden. Ohnehin sind Gedächtnisinhalte nicht wie Bücher in einer Bibliothek unveränderlich gespeichert. Es hat sich gezeigt, dass bei jedem Retrieval eine Modifikation stattfindet. Gedächtnisinhalte sind also nicht statisch, sondern dynamisch, was sich in den geschilderten Therapien ausnutzen lässt.

Wichtig ist, dass beim Wiedererleben in sensu nicht einfach die frühere Erfahrung erneut und unverändert stattfindet, sondern durch Patient*innen geändert wird. Dies ist bei allen geschilderten Verfahren ein wichtiger Baustein. Da gibt es die Erinnerung, ganz lebhaft, aber eben auch einen geschützten Rahmen durch die Anwesenheit von Therapeut*innen, die immer wieder stattfindende Klärung, dass das Trauma in der Vergangenheit war und vorbei ist und die Möglichkeit (gerade bei PITT, IRRT und TRIMB), die Erinnerung und die damit verbundenen Gefühle auch zu verändern. Und letztendlich stärkt dies die Selbstwirksamkeit und das Selbstwertgefühl der Patient*innen und öffnet Raum für andere, positive Erfahrungen.

Literatur

Hofmann, A. (Hrsg.) (2014). *Praxishandbuch zur Behandlung traumatisierter Menschen*. Stuttgart: Thieme.

Reddemann, L. (2017). *Psychodynamisch Imaginative Traumatherapie: PITT® - Das Manual. Ein resilienzorientierter Ansatz in der Psychotraumatologie*. Stuttgart: Klett-Cotta.

Schauer, M, Neuner, F, Elbert, TH. (2011). *Narrative Exposure Therapy: A Short-Term Treatment for Traumatic Stress Disorders*. Göttingen: Hogrefe.

Schmucker, M, Köster, R (2019). *Praxishandbuch IRRT: Imagery Rescripting & Reprocessing Therapy bei Traumafolgestörungen, Angst, Depression und Trauer*. Stuttgart: Klett-Cotta.

Sopp, MR., Kirsch, A., Michael, T. (2019). *Trauma und Gedächtnis*. In: Seidler, GH., Freyberger, HJ., Glaesmer H. et al. (eds): Handbuch der Psychotraumatologie. Stuttgart: Klett-Cotta 2019; 17-28.

Spangenberg, F (2019). *Behutsame Trauma-Integration (TRIMB): Belastende Erfahrungen lösen mit Atmung, Bewegung und Imagination*. Stuttgart: Klett-Cotta.

Prof. Dr. med. Barbara Wild
Fachärztin für Neurologie und Psychiatrie, Psychotherapie Chefärztin der Fliedner Klinik Stuttgart Neurologin und Psychiaterin ist Chefärztin der Fliedner Klinik für Psychiatrie und Psychotherapie in Stuttgart.

Imagination

Imagination in der Hypnotherapie

Dirk Revenstorf

Der Kommunikation werden vier Aspekte zugeschrieben (Schulz von Thun, 1998), nämlich Information (1), Pragmatik (2), Ausdruck eigener Motivation (3) und Beziehungs-Gestaltung (4). Der Satz: „Es ist kalt draußen, Du solltest Dich wärmer anziehen" informiert über das Wetter (1), möchte den Anderen dazu bringen sich anders zu kleiden (2), drückt die Sorge des Sprechers aus (3) und signalisiert, dass der Sprecher sich autorisiert fühlt, den Zuhörer zu beraten (4).

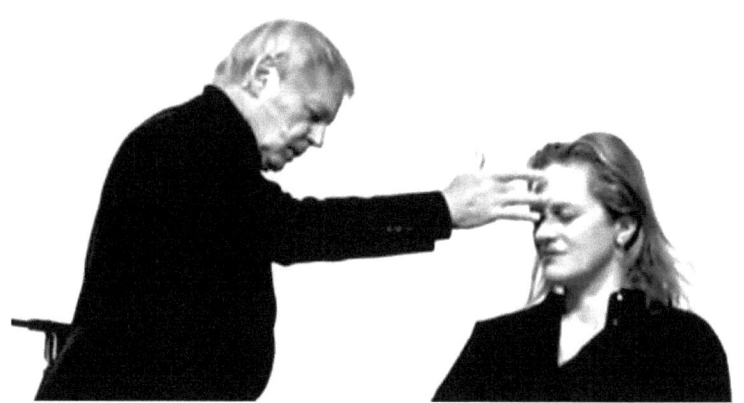

Prof. Revenstorf erklärt anhand einer Demonstration mit einer Freiwilligen aus dem Publikum die Funktion posthypnotischer Suggestionen zur Änderung von Problemverhalten. Foto: Youtube.com

Die letzten beiden Aspekte, Motivation und Beziehungsgestaltung sind meist implizit und werden nicht immer bewusst wahrgenommen. Die Information ist sachlicher Art und enthält beschreibende Aussagen.

Der hier interessierende Aspekt ist die Pragmatik; sie bezieht sich auf die Beeinflussung des Anderen. Dazu benutzen wir verschiedene Sprach-Formen. Etwa Befehle, Instruktionen, Argumente, Suggestionen. Befehle und Instruktionen sind klare Anweisungen, von denen man erwartet, dass sie befolgt werden; Argumente sollen den anderen überzeugen – sie bestätigen seine Haltung oder Handlungsweise oder widerlegen sie. Man bedient sich dabei eines kriegerischen Vokabulars: Strategie, Position ergreifen, Position angreifen, unhaltbar, an Boden gewinnen, attackieren, sich immunisieren, Redeschlacht. Das fordert die Gegenwehr heraus; es kommt zur Diskussion, zum Schlagabtausch. Suggestionen dagegen sollen etwas nahelegen, ohne dass eine Handlung oder Entscheidung gefordert wird.

Anders als in der Schule wollen wir in der Psychotherapie meist nicht überzeugen oder belehren – obwohl eine derartige Psychoedu-

kation auch manchmal sinnvoll sein kann. Wir wollen eher zu Veränderungen motivieren, Entscheidungen erleichtern, Blockaden beseitigen, Sichtweisen erweitern, Emotionalität differenzierter machen, Lösungssuche unterstützen usw. Das sind keine Kampfhandlungen, lösen aber trotzdem beim Patienten manchmal Abwehr aus, weil das Gewohnte – und sei es auch schmerzhaft – sich sicher anfühlt und jede Abweichung davon Verunsicherung mit sich bringt. Um dem vorzubeugen, kann Hypnose verwendet werden – der Grund dafür wird gleich erläutert werden.

Suggestion und therapeutische Suchprozesse

Hypnotherapie verwendet vielfach Suggestionen, und zwar in Form von Imaginationen. Denn eine wirksame Form der Suggestion, um mentale Prozesse im Anderen zu mobilisieren, sind Bilder, Metaphern und Symbole. Sie sind sinnlich (fast immer visuell, enthalten aber auch akustische, taktile, kinästhetische, olfaktorische oder gustatorische Anteile), sind vieldeutig und lösen eine Suche nach Bedeutung aus. Das gelingt durch Offenheit, d. h.

grammatische Unvollständigkeit. So enthalten die Sätze „Unerschütterlich wie ein Berg" oder „Frei wie ein Vogel" kein Subjekt, an das sich eine Aufforderung richtet, sich unerschütterlich oder frei zu fühlen, und haben womöglich nicht mal ein Prädikat. Aber sie lösen unvermeidlich die Vorstellung von Bildern, Klängen und anderen sinnlichen Eindrücken aus. Das verbindet sie mit Erinnerungen an persönliche Eindrücke und Erfahrungen, in diesem Fall mit Bergen oder Vögeln.

Solche Imaginationen sind meist emotional getönt, und sie sind in der semantischen Vielfalt ihrer Assoziationen unendlich. Berge sind hoch, hart, gefährlich, schützen, versperren oder ermöglichen Aussicht usw. Welchen Assoziationen der Zuhörer folgt, ist nur begrenzt vorhersagbar. Damit hat auch ihre Wirkung eine gewisse Unschärfe, und so wahren Bilder die Selbstbestimmtheit und in gewissem Sinne die Würde des Zuhörers. Eine Metapher wie „Markus ist stark wie ein Bär" löst einen Suchprozess darüber aus, was man von Markus noch alles außer Stärke erwarten kann, was mit Bärenhaftigkeit zu tun hat. Vielleicht Winterschlaf oder Honigdiebstahl.

Dieser Suchprozess ist in der Psychotherapie erwünscht, um neue neuronale Verknüpfungen zu ermöglichen und so die Sichtweise zu modifizieren, den Blickwinkel zu erweitern oder Umdeutungen zu erleichtern. Nach Meinung der Linguisten (Kurz, 1997) wird der Suchprozess durch vier Merkmale einer Metapher intensiviert. Ein Bild oder eine Geschichte muss in irgendeiner Weise relevant sein (1), d. h. eine mindestens vage semantische Schnittmenge mit dem behandelten Problem haben. Der Inhalt sollte aber soweit verfremdet sein (2) dass der Zuhörer zwar Projektionen eigner Bedürfnisse und Vorstellungen darin wahrnehmen kann, aber eher beiläufig, als solle er die Metapher nicht auf sich beziehen. Das Bild sollte weiter führen als das Problem (3), wie der Zuhörer es bisher empfunden hat, damit eine Entwicklung oder Transformation ins Blickfeld rückt. Im Mythos von Dädalus und Ikarus ermöglichen die künstlichen Flügel zum Entkommen aus der Verbannung auf Kreta, aber Ikarus stürzt damit ab. Doch Dädalus bleibt nichts weiter übrig als den Flug fortzusetzen und er gelangt zu einer neuen Küste und gründet dort eine Kolonie.

Am interessantesten ist das vierte Merkmal einer guten Metapher. Sie muss einen Überraschungseffekt, eine Dissonanz zur Erwartung enthalten. Dadurch wird einerseits die Aufmerksamkeit gebunden; andererseits erzeugt es eine kleine Verwirrung, die eine Destabilisierung des bisherigen Verständnisses des Problems verursacht und damit eine Neuorientierung fördert.

Der Satz des Poeten: „Mein Gedicht ist mein Messer" (Kurz, 1997, S. 21) kollidiert mit dem gewohnten Verständnis des Zuhörers, dass Gedichte etwas Sanftes, Lyrisch-Romantisches seien. Aber tatsächlich kann Lyrik zur politischen Waffe werden. Die Beunruhigung durch eine Dissonanz entspricht M. H. Ericksons Prinzip der Destabilisierung und Konfusion (siehe Revenstorf, 2017, S. 70), das ja zunächst nicht besonders fürsorglich gegenüber einem leidenden Menschen anmutet. Ist es aber in besonderer Weise, da es nämlich den Zuhörer dazu bringt, den begrenzten Boden seiner bisherigen Sichtweise zu verlassen. Der Überraschungseffekt wird auch durch humorvolle, sarkastische Überzeichnung bewirkt, z. B., wenn der Therapeut zum Patienten, der Angst davor hat, sich an unpassender Stelle zu übergeben, die Vorstellung nahelegt: „Wenn Sie im Supermarkt einkaufen, könnten Sie ja mal beim Bezahlen in die Kasse kotzen oder vielleicht lieber in die Einkaufstasche des Kunden vor Ihnen." (Hein, 2017)

Wenn eine solche Dissonanz präsentiert wird, erzeugt das einen inneren Suchprozess, als wolle das Gehirn die Dissonanz überwinden, um Kohärenz wieder herzustellen (Ecker 2019) und die diskrepanten Schemata zu rekonsolidieren (ein Beispiel dazu siehe unten). Oder wie der Neurobiologe Gerald Hüther, (2004, S. 24) schreibt:

Jedes Mal, wenn ein neues Bild oder ein neuer Sinneseindruck ein vorhandenes Bild überlagert, wird ein bestehendes neuronales Erregungsmuster durcheinandergebracht. Und diese Unruhe breitet sich in subkortikale Bereiche aus und verursacht implizite Vernetzungen und eine Erinnerung, die sich tief eingräbt. Deshalb behalten wir Eindrücke von erschreckenden, furchtbaren Erlebnissen wie einem

Unfall oder von überwältigend positiven Erfahrungen wie dem ersten Sex für immer und alle Ewigkeit im Gedächtnis – wenn sie nicht abgespalten werden, weil die Belastungsgrenze überschritten wurde.

Archaisch regressive Wirkung von Metaphern

Neben der Offenheit und Dissonanz sind andere Aspekte der indirekten Kommunikation mithilfe von Bildern, Symbolen und Metaphern therapeutisch von Interesse. So setzt das Erzählen von Geschichten (z. B. Märchen) eine bedeutende therapeutische Ressource frei, da es die kindliche Rolle des Zuhörens reaktiviert und die damit verbundene Fantasietätigkeit, gleichzeitig auch eine regressive Haltung, in der die Suggestibilität erhöht ist.

Daedalus und Ikarus, Bild aus „Die Geschichte der Griechen" von H. A. Guerber

Manche Symbole haben eine archaische Tiefe an Bedeutung. Durch ein Bild der Sonne, des Meeres, des Waldes und anderer Symbole wird nicht nur ein Fingerzeig auf ein bestimmtes Objekt geliefert, indem das Bild oder das Wort ein Zeichen darstellt, das auf einen Sachverhalt oder ein Objekt hinweist wie ein Vorfahrtsschild auf die Vorfahrt oder eine Ortstafel auf den Ort. Symbolträchtige Bilder haben oft einen Bedeutungsgehalt, der mit kulturell geprägten Werten verbunden ist, der eine kollektiv angesammelte Erfahrung darstellt, und sie üben daher eine besondere Faszination aus. Die Vorstellung des Meeres z. B., lässt an Fernweh, Badefreuden, Gefahr das Ertrinkens und manches andere denken, das von vielen Menschen geteilt wird und mich entsprechend mit vielen verbindet.

Die kurze Aufzählung der Wirkung von Bildern und Metaphern zeigt, dass sie durch Offenheit und Dissonanz Suchprozesse auslösen, eine kindlich rezeptive Haltung fördern und dass sie tiefe Gedächtnisspuren hinterlassen. Was bewirkt es, wenn Bilder, Metaphern und Symbole in einer hypnotischen Trance angeboten werden? Durch die veränderte mentale Verarbeitung in der Trance potenziert sich ihre Wirkung einmal durch die regressive Haltung, die der Zuhörer in Trance automatisch einnimmt, indem er sich der Anleitung durch den Therapeuten anvertraut (sogar mit geschlossenen Augen und ohne diskursiven Widerspruch), zum anderen dadurch, dass das Alltagsdenken vorübergehend in den Hintergrund tritt, wie im nächsten Abschnitt gezeigt wird.

Hypnotische Trance als entropischer Zustand

Der Neurowissenschaftler Robin Carhart-Harris führte den Ausdruck des entropischen Gehirns ein, um deutlich zu machen, dass es sich bei unserem Denkorgan um einen hochkomplexen Filter handelt, der die Entropie, d. h. die ungeordnete Masse an Informationen, reduziert, die von außen wie von innen auf den Organismus einwirkt (Carhart-Harris et al. 2014). Dabei spielt ein übergeordnetes Netzwerk, das DMN (Default Mode Network), die Rolle der Standardeinstellung des Gehirns für den Alltagsgebrauch. Es sorgt für einen durch Vernunft und Selbstreflexion geordneten Lebensvollzug.

Ein gewisses Maß an Ordnung durch Vernunft und Selbstreflexion ist lebenswichtig und ermöglicht eine verlässliche Orientierung. Wenn allerdings die Ordnung übermächtig wird, endet das Denken in einer Sackgasse und kreist nur noch ums Ich und seine Ängste, wie im Falle von Zwang, Sucht und Depression. Wenn dagegen die Entropie im Gehirn deutlich zunimmt, steigt das Chaos im Bewusstsein und macht eine Orientierung zunächst schwierig. Doch das kann unter geeigneten Rahmenbedingungen neue Lösungen erleichtern. Genau das passiert, wenn das DMN deaktiviert ist. Es lockert sich die Verbundenheit (Konnektivität) zwischen einzelnen Hirnrealen auf, und es entsteht ein subchaotischer Schwellenzustand, in dem neue Verknüpfungen stattfinden.

Wie mit bildgebenden Verfahren gezeigt werden konnte, passiert das in den REM-Phasen des Schlafes, bei leichter Anästhesie, unter dem Einfluss von Halluzinogenen, in tiefer, lang geübter Meditation und in hypnotischer Trance. Dann entsteht ein mentaler Zustand, der einerseits konzentrierte Aufmerksamkeit, andererseits Auflösung gewohnter Denkmuster mit sich bringt und kreative Problemlösung erleichtert.

Aus Träumen ist Letzteres eine geläufige Erfahrung. Man findet in Träumen zwar verwirrende Bilder, aber räumt ihnen auch kreatives Potenzial ein. Ein historisches Beispiel ist die Anekdote von Kékulés Traum von der Schlange, die sich in den Schwanz beißt, die ihn auf die ringförmige Struktur des Benzols brachte. Das Denken verlässt in solchen Zuständen den Rahmen gewohnter begrifflicher Schemata und der Ichbezogenheit. Es wird nicht räsoniert: „Kann ich das? Darf ich das? Was hat das für Konsequenzen? Passt das zum dem, was ich bisher mache? Was werden die anderen denken?" usw. Stattdessen schweifen die Gedanken in fantasievoller Freiheit.

In der hypnotischen Trance gestattet die Ich-Erweiterung dem Patienten die unvoreingenommene Rezeption und kreative Verwendung von Metaphern wie in dem folgenden Beispiel:

Ouroboros an einer Friedhofstür,
Foto Sebastian Wiertz (wikimedia.org)

Eine etwa 35jährige Dame verbringt täglich Stunden mit dem iPad und möchte das reduzieren, was ihr bisher nicht gelang. In der Trance wird ihr u. a. das Märchen von Schneewittchen erzählt, was ja, oberflächlich gesehen, keinen Zusammenhang mit dem Thema zu haben scheint. Im wachen Alltagsdenken würde sie vermutlich eingewendet haben, warum ihr ein Märchen erzählt wird und warum gerade dieses, das sie eh schon kennt. Nach der Trance sagt sie jedoch, es sei ihr wie Schuppen von den Augen gefallen, denn das iPad sei ja ein Apple und Schneewittchen beißt in den vergifteten Apfel und fällt in einen Schneewittchenschlaf, so wie sie, wenn sie stundenlang mit dem iPad zubringt. Aber der Apfel hat ja auch eine ungiftige Seite, wie die Stiefmutter durch Hineinbeißen demonstriert. Also eine halbe Stunde täglich Apple-Diät ist verträglich.

Darin liegt ein Vorteil der hypnotischen Trance: dass sie einen nachvollziehbaren Primärprozess und das Alltagsdenken vorübergehend außer Kraft setzt. Oder wie Erickson zur Trance formuliert:

[...] ein Zeitabschnitt, in dem die Begrenzungen des üblichen Bezugsrahmens und Glaubenssystems vorü-

bergehend verändert sind, sodass man empfänglich ist für andere Muster der Assoziation und Modalitäten mentalen Funktionierens, die zu Problemlösungen führen.
(Revenstorf 2017, S. 2013)

Die in der Trance ausgelösten Veränderungen sind aber nicht nur eine momentane Erleuchtung, sondern sie sind nachhaltig wie die umfangreiche Wirksamkeitsforschung zur Hypnotherapie zeigt (siehe Revenstorf 2017, S. 2013; Revenstorf und Peter 2015, Kapitel 64).

Methoden der hypnotherapeutischen Imagination

Die Imagination in der Hypnotherapie erstreckt sich zwischen zwei Polen: einmal die Nutzung von Bildern und Metaphern, um divergente, innere Suchprozesse zu evozieren und damit eine offene, selbstorganisierende Lösungsaktivität zu initiieren. Dabei ist der Therapeut ein Begleiter, der kein Ziel, sondern lediglich einen Rahmen vorgibt. Hierzu ein Beispiel:

Eine 40jährige Mutter zweier Kinder beklagt, dass sie abends nicht zu Bett findet und morgens unausgeschlafen ist. Sie könnte eigentlich, nachdem sie um 21.00 Uhr den Neunjährigen mit einer Geschichte in den Schlaf gelesen hat, um 22.00 Uhr im Bett liegen und morgens um 6.00 Uhr ausgeschlafen nach acht Stunden Schlaf aufwachen. Stattdessen gruschelt sie bis Mitternacht noch herum: räumt die Spülmaschine aus, sortiert die Wäsche, bringt dem Gatten einen Kaffee an seinen Arbeitsplatz usw. In der Biografie findet sich dazu die kontinuierliche Kindheitserfahrung, dass sie, Einzelkind, für die kränkelnde Mutter der Sonnenschein war. Erst wenn die Mutter beruhigt war, konnte sie an sich selber denken. Daraus hat sie die innere Wahrheit mitgenommen: „Erst wenn die Anderen versorgt sind, darf ich an mich selber denken". Mit einigem Nachforschen bringt sie eine gegenteilige Wahrheit ans Licht: Wenn Sie morgens joggen geht, sind ihr die Anderen egal.

In der hypnotischen Trance wird sie gebeten, auf einem geteilten Bildschirm links das kleine Mädchen zu imaginieren, das die Mutter anstrahlt und abwechselnd dazu auf der rechten Bildhälfte einen Fels in der Brandung, an dem alle Wogen abrollen. Nach der Tran-

ce berichtet sie zunächst kein Ergebnis, aber von einer traurigen Ruhe. Am nächsten Tag schreibt sie, dass sie (im Gegensatz zu ihrer bisherigen Kampfhaltung ihm gegenüber) ihrem pubertär trotzigen älteren Sohn in einer Mail geschrieben habe, dass sie ihn liebe. Die Rekonsolidierung der beiden Schemata „Fels in der Brandung" und „Sonnenschein der leidenden Mutter" hatten zur Akzeptanz des Trotzverhaltens geführt, das sie nun als Form von Abgrenzung wahrnehmen kann, die ihr bisher schwerfiel.

Den anderen Pol hypnotischer Imagination stellen zahlreiche Methoden zur Visualisierung eines Zielzustandes dar. Dazu gehören überwundene Krisen, vollzogene Trennungen, Aktivierung von Ressource-Zuständen. Im medizinisch-psychosomatischen Bereich gehören dazu Heilungssuggestionen mit einerseits physiologischen korrekten Bildern der Immunaktivierung, Wundheilung, Durchblutung, Verdauung usw., die andererseits durch analoge Metaphern ergänzt werden: Verschluss einer Wunde durch die Vorstellung einer zuwachsenden Rasenfläche, oder geordnete Darmtätigkeit durch die Vorstellung eines ruhig mäandernden Flusses usw. Hierbei wird die gut nachgewiesene psychosomatische Durchlässigkeit des Körpers für mentale Bilder in der hypnotischen Trance (siehe Elkin 2017, z. B. Kapitel 17 über Heilung von Knochenbrüchen) umgesetzt.

Schluss

Hypnotische Trance verbessert die Durchlässigkeit nicht nur zur Erinnerung, sondern auch zum Körper, zu Bildern und zum Therapeuten durch erhöhte Suggestibilität. Dadurch ist der Patient für Vorstellungen offener – sofern sie nicht den eigenen Werten und Intentionen widersprechen. Metaphern werden vorbehaltloser aufgenommen und mentale Bilder mit größerer Durchlässigkeit in physiologische Prozesse umgesetzt. Dadurch werden salutogene Imaginationen angenommen und umgesetzt. Z. B. die Imagination eines Berges verbunden mit dem inneren Satz „unerschütterlich wie ein Berg" verhalf zur Überwindung von Einschlafproblemen, die Imagination eines helfenden Wesens in der Rekapitulation der traumatischen Situation eines erwarteten Überfalls im Krieg zur Beendigung der Flashbacks, die alternierende Imagination zwischen Bildern der Selbstfürsorge und der Fremdfürsorge zur Stärkung der Abgrenzungsfähigkeit; die Imagination vom Spaß daran, als Kind auf dem staubigen Dachboden der Oma zu spielen, ermöglichte eine Konfrontation mit Hausstaub ohne allergische Reaktion, die Vorstellung von kribbelnder Durchblutung der Finger als Aktivität von Immunzellen, die die Viren beseitigen und die Trümmer aufräumen, zur glatten Verheilung von Warzen usw.

Hypnotherapie lebt von der subchaotischen Flexibilität der mentalen Verarbeitung durch die in der Trance außer Kraft gesetzten Begrenzungen des Alltagsdenkens und der Ichbezogenheit. Dadurch öffnet sich die psychosomatische Durchlässigkeit des Körpers für Imaginationen der Heilung. Bilder von vergangenen wie zukünftigen Erfahrungen können quasi mühelos in das gegenwärtige Erleben integriert werden. Jenseits von verbal vermittelten Suggestionen („Ein Stück Schokolade und danach wird Schokolade ganz gleichgültig") spielen Imaginationen durch ihre semantische Vieldeutigkeit besonders, wenn sie sich mit gewohnten Vorstellungen reiben, eine entscheidende Rolle für die Intensität innerer Suchprozesse und für die Rekonsolidierung heterogener Erfahrungen. Deshalb ist die Imagination neben der besonderen hypnotischen Beziehung, der Dissoziationsfähigkeit in der Trance und der gesteigerten, allerdings fehlerbehafteten (was aber klinisch meist irrelevant ist) Erinnerungsfülle eine wesentliche Komponente der Hypnotherapie.

Literatur

Carhart-Harris, R.L., Leech, R., Hellyer, P.J., Shanahan, M., Feilding, A., Tagliazucchi, E., et al. (2014). *The entropic brain: a theory of conscious states informed by neuroimaging research with psychedelic drugs.* Front. Hum. Neurosci. 8, 20. https:// doi.org/10.3389/fnhum.2014.00020.

Ecker, B., Tici, R. & Hulley, L. (2019). *Der Schlüssel zum emotionalen Gehirn.* Paderborn: Junfermann.

Elkin, G. Hrsg. (2017). *Handbook of medical and psychological Hypnosis.* New York: Springer.

Hüther, G. (2010). *Die Macht der inneren Bilder.* Göttingen: Vandenhoeck & Ruprecht.

Kirn, Th., Echelmeyer, L. & Engberding, M. (2009). *Imagination in der Verhaltenstherapie.* Heidelberg: Springer

Kurz, G. (1997). *Metapher, Allegorie, Symbol.* Göttingen: Vandenhoeck & Ruprecht.

Revenstorf, D. (2017). *Hypnose und Hypnotherapie.* Tübingen: Psychotherapie-Verlag.

Revenstorf, D., Peter, B. (2017). *Hypnose in der Psychotherapie, Psychosomatik und Medizin.* Berlin: Springer.

Schulz von Thun, F. (1998). *Miteinander reden, Teil 3. Das innere Team.* Reinbek: Rowohlt.

Prof. Dr. Dirk Revenstorf
Professor für Klinische Psychologie, Universität Tübingen; approbierter Psychotherapeut; spezialisiert auf Hypnotherapie und Paartherapie. 1984-2009 Vorstand der Erickson Ges. Zahlreiche Bücher und wissenschaftliche Publikationen. http://www.meg-tuebingen.de, www.paartherapie-akademie.de

„Und wenn sie nicht gestorben sind..."
Von der Wirkkraft des Märchenerzählens

Gidon Horowitz

Großvater und Enkelin beim Vorlesen Foto: Roman Samborskyi (shutterstock.com)

Wenn ich Märchen erzähle, beobachte ich oft, dass die Gesichter der Zuhörenden sich im Laufe der Zeit entspannen. Ich erlebe immer wieder Menschen, die angespannt oder erschöpft zu einer Veranstaltung kommen und sich am Ende lächelnd und zum Teil mit leuchtenden Augen bedanken. Was geschieht da? Worin liegt diese wohltuende Wirkung des Märchenerzählens? Um mögliche Antworten zu finden, möchte ich zunächst das Besondere der Märchen betrachten und anschließend die Besonderheit des Erzählens. Beides scheint mir eine Rolle zu spielen.

Märchen – Nahrung für die Seele
Märchen sind bildhafte Geschichten voller Symbole. Sie erzählen von einer magischen Welt, in der Wunder und Zauber selbstverständlich sind, in der dem Jenseitigen so selbstverständlich begegnet wird wie dem Alltäglichen. Die Gesetze des Alltäglichen, der realen Umwelt, sind in ihnen aufgehoben. Darin und in ihrer Bildhaftigkeit ähneln sie den Träumen. Träume und Märchen erscheinen wie Geschwister. Mit ihren Symbolen sprechen die Märchen die Seele in ihrer eigenen Sprache an. Die Ansprache geschieht nicht nur über den Verstand. Das Unbewusste wird unmittelbar angesprochen, Gefühle werden wachgerufen und die Fantasie angeregt. Zudem weisen die Märchen eine klare Struktur auf. Damit geben sie uns und unserer Fantasie auch Struktur.

Mit ihrer Fülle von Symbolen können Märchen uns auf ganz verschiedene Art und Weise individuell ansprechen. Jedes Märchen ist wie ein breites und ganz offenes Angebot. Dazu ein Zitat des Germanisten und Märchenforschers Max Lüthi (1909-1991):

> Das Märchen ... fordert gar nichts.
> Es deutet und erklärt nicht, es schaut nur und stellt dar. Und diese traumhafte Schau der Welt, die nichts von uns fordert, keinen Glauben und kein Bekenntnis, sie ist sich selber so selbstverständlich und wird mit solcher Notwendigkeit Sprache, dass wir uns beglückt von ihr tragen lassen.
> (Lüthi, 1992, S. 79)

Max Lüthi hat einige Charakteristika der Märchen herausgearbeitet. Ein paar davon möchte ich hier erwähnen:

Flächenhaftigkeit

Die Gestalten der Märchen werden nicht oder kaum näher beschrieben. Dadurch lassen sie uns umso mehr Raum, das Angedeutete mit Inhalten der eigenen Fantasie zu füllen und auf uns selber zu beziehen. Wir können uns umso leichter mit den Heldinnen und Helden der Märchen identifizieren, je mehr wir auf sie projizieren können. So können wir beim Hören oder Lesen eines Märchens unseren eigenen Vorstellungen begegnen, den Bildern unserer eigenen Fantasie. Diese Begegnung allein kann schon entspannend, ja sogar beglückend wirken.

Wir leben in einer Gesellschaft, in der wir beinahe ständig mit äußeren Reizen überschwemmt werden, unter anderem mit einer Flut von Bildern und visuellen Eindrücken, die oft in sehr rascher Abfolge auf uns wirken. Für die Welt der inneren Bilder bleibt da oft zu wenig Platz. Beim Hören oder Lesen eines Märchens kann Raum für die eigenen inneren Bilder entstehen. Unsere Fantasie wird angeregt, und dabei können viele Menschen beglückt merken, dass in ihnen etwas sehr Kostbares lebt. Sie sind nicht nur Gefäße, die konsumieren und funktionieren, sondern sie sind lebendige, kreative Wesen.

Die Begegnung mit dem Reichtum der eigenen Fantasie ist weit mehr als nur für einzelne Menschen heilsam. Unsere gesamte kulturelle Entwicklung beruht letztlich auf der Gabe,

Das Schneiderlein fing sein Spiel von neuem an, suchte den dicksten Stein aus und warf ihn dem ersten Riesen mit aller Gewalt auf die Brust. »Das ist zu arg!« schrie er, sprang wie ein Unsinniger auf und stieß seinen Gesellen wider den Baum, daß dieser zitterte. Der andere zahlte mit gleicher Münze, und sie gerieten in solche Wut, daß sie Bäume ausrissen, aufeinander losschlugen, so lang, bis sie endlich beide zugleich tot auf die Erde fielen.

Das tapfere Schneiderlein; Darstellung von Alexander Zick (1845 - 1907) (wikimedia.org)

Die Türe tat sich auf, und er sah eine große dicke Itsche (Kröte) sitzen und rings um sie eine Menge kleiner Itschen. Die dicke Itsche fragte, was sein Begehren wäre. Er antwortete: „Ich hätte gerne den schönsten und feinsten Teppich."

Die drei Federn: Illustration Anne Anderson (Old, Old Fairy Tales, Whitman Publishing Company, 1935)

dass wir uns etwas vorstellen können, das es nicht gibt. Diese Vorstellungen bewegen uns zu versuchen, das noch nicht Vorhandene zu erschaffen. Märchen können diese Gabe fördern. Sie geben uns nicht nur eine Fülle von Bildern, sondern vermitteln uns auch, dass ständig etwas Unerwartetes geschehen und es Lösungen selbst für unmöglich erscheinende Aufgaben geben kann. In den Märchen ist alles möglich.

Eindimensionalität

Ein Märchen hat in der Regel einen Handlungsstrang, der sich von Anfang bis Ende durchzieht, höchstens mit ein paar Verzweigungen. Es gibt auch nur eine Ebene des Geschehens. Das Alltägliche und das Jenseitige, Numinose begegnen sich ganz selbstverständlich.

Diese jenseitigen Kräfte geben oft die entscheidende Hilfe bei der Lösung von Krisen. Psychologisch gesprochen, ermöglicht das Märchen den Menschen, die es hören, lesen oder erzählen, über die Identifikation mit den Heldinnen und Helden eine selbstverständliche Begegnung mit numinosen, jenseitigen Kräften.

C. G. Jung hat immer wieder darauf hingewiesen, welche zentrale Bedeutung die Begegnung mit dem Numinosen hat. Hier zwei Zitate dazu:

... das Hauptinteresse meiner Arbeit liegt nicht in der Behandlung von Neurosen, sondern in der Annäherung an das Numinose. Es ist jedoch so, dass der Zugang zum Numinosen die eigentliche Therapie ist, und insoweit man zu den numinosen Erfahrungen gelangt, wird man vom Fluch der Krankheit erlöst.
(Jung, 1990, Briefe 1, S. 465)

Die entscheidende Frage für den Menschen ist: Bist du auf Unendliches bezogen oder nicht? Das ist das Kriterium seines Lebens.
(Jung/Jaffé, 1962, S. 327)

Das Märchen hat damit eine spirituelle Dimension, die – wie schon erwähnt – „keinen Glauben und kein Bekenntnis" fordert, keine Zugehörigkeit zu einer bestimmten institutionalisierten Religion. Die Märchen erinnern uns, dass es Kräfte gibt, die unser bewusstes Wissen und Wollen weit übersteigen und über die wir nicht verfügen können.

Diese Tatsache vergessen wir manchmal in unserer technisierten Welt, in der uns alles machbar erscheint. Manche dieser Kräfte sind zerstörerisch, manche hilfreich und unterstützend. Die Märchen vermitteln uns, dass wir solchen Kräften – auf einer symbolischen Ebene der Wirklichkeit – ganz selbstverständlich und unmittelbar begegnen können.

Isolation und Allverbundenheit

Die Heldinnen und Helden der Märchen sind oft die Ausgestoßenen, die „Dummen", die Isolierten. Gerade dadurch aber sind sie frei, sich mit allem zu verbinden. Sie gehen „einfach" ihren Weg, oft aus bitterer Not heraus, und begegnen dabei oft „zufällig" genau im richtigen Moment dem, was ihnen weiterhelfen kann. Dazu wieder ein Zitat von Max Lüthi:

> Der Blinde, der Enterbte, der Jüngste,
> Elternlose, der Verirrte, sie sind die
> wahren Märchenhelden, denn sie sind
> die Isolierten und damit wie niemand
> sonst frei für alles wirklich Wesentliche.
> (Lüthi, 1992, S. 61)

Die Heldinnen und Helden sind allerdings nicht ausschließlich die Naiven, Einfältigen, die als „dumm" verspottet werden (wie z. B. der jüngste Königssohn in dem Märchen *Die drei Federn*).

Sehr beliebt bei den meisten Zuhörenden sind u.a. auch die schlauen Trickster. Sie sind oft klein und schwach, oft auch allein und meist Bedrohungen von übermächtigen Gegnern ausgesetzt. Aber sie sind nicht ohnmächtig. Mit ihrem Verstand, ihrer Kaltblütigkeit, ihrer Schläue und oft auch Skrupellosigkeit erspüren sie die schwachen Punkte ihrer weitaus stärkeren Gegner, die sie dann überlisten und überwinden. Wir finden sie oft in Tiermärchen (wie in vielen afrikanischen Märchen der Hase, der die größeren und stärkeren Tiere hereinlegt) aber z. B. auch im Märchen Das tapfere Schneiderlein

Den meisten Menschen bereitet es großes Vergnügen, solchen Geschichten zu begegnen. Die allermeisten haben derartige Situationen von Hilflosigkeit und Ohnmacht gegenüber stärkeren Mächten erlebt. So ist es oft ein Genuss mitzubekommen, dass die bedrohlichen Stärkeren überwunden werden können und es auch in einer hoffnungslosen Lage Auswege geben kann. Es ist wie Rache und Vergeltung in der Fantasie, auf einer symbolischen Ebene. Das kann nach dem Erlebnis der Ohnmacht seelisch entlastend wirken.

Märchen können auf Helfer aufmerksam machen

Die Heldinnen und Helden begegnen ja oft hilfreichen Wesen und gehen auf die jeweils richtige Art und Weise mit ihnen um. Wir können von ihnen lernen, nach Helfern in unserem ganz alltäglichen Leben zu suchen und sie zu erkennen, jenseits der eigenen Vorurteile. Das fällt vielen Menschen schwer. Sie meinen, oft aus Stolz, sie müssten alles alleine schaffen. (Hinter dem Stolz steckt allerdings oft ein sehr geringes Selbstwertgefühl. Der Stolz, es alleine zu schaffen, ist manchmal das Einzige, was das Selbstwertgefühl noch stützt.)

Manche sind auch hochmütig und können es sich nicht vorstellen, dass ein vermeintlich viel schwächeres oder dümmeres Wesen ihnen helfen könnte. Menschen, die einseitig rational eingestellt sind, haben oft die Tendenz, innere Helfergestalten zu entwerten – die seien ja „nur eingebildet". Es gehört oft zu den wesentlichen Aufgaben einer Therapie, dass Menschen lernen, Hilfe anzunehmen, danach zu fragen und echte innere und äußere Helferinnen und Helfer zu erkennen. (Es gibt allerdings auch unechte Helfer, die zu helfen vorgeben, aber in Wirklichkeit schaden – auch davon erzählen manche Märchen wie z.B. *Die Gänsemagd.*)

Viele Märchen beginnen mit einer Krise, enden aber gut

Sie tragen somit zur Hoffnung bei, dass es auch für uns in einer Krisensituation ein gutes Ende geben kann. Das gute Ende des Märchens wird oft erst nach einem sehr mühseligen, langen und auch gefährlichen Weg erreicht. So heißt es auch in manchen Märchen: „Ein Märchen ist schnell erzählt, aber es dauert oft sehr lange, bis der Weg gegangen ist …"

Die Mühsal und die Hindernisse, die zu überwinden sind, und auch die Ausdauer, die dabei erforderlich ist, tragen zur Glaubwürdigkeit des Märchens bei. All das entspricht unserem alltäglichen Erleben. Damit können uns die Märchen Mut geben, die Schwierigkeiten und Widrigkeiten des Lebens auszuhalten und den eigenen Weg mit Ausdauer und Beharrlichkeit weiterzugehen.

Märchenerzähler im Märchengarten Schloß Ludwigsburg
(wikimedia.org)

Die Erzählgemeinschaft

Rudolf Geiger (1908 – 1999), ein Erzähler, den ich sehr geschätzt habe, erzählte einmal von einer Begegnung mit einem blinden Kind, das nach einer Erzählstunde zu ihm kam, vorsichtig seine Kehle berührte und sagte: „Wie schön, dass du keine Kassette bist!"

Durch das Erzählen, das gemeinsame Erleben von Zuhörenden und Erzählenden, entsteht Beziehung und Gemeinschaft. Erzählen ist Beziehungsarbeit, ohne dass dies in einer Erzählsituation explizit so benannt wird. Damit diese Gemeinschaft entstehen kann, ist die Haltung der Erzählenden ausschlaggebend. Die Erzählenden bewegen sich nicht in einem vorgestellten Raum (wie Schauspieler eines Theaterstücks), sondern Erzählende und Zuhörende befinden sich im gleichen Raum und begeben sich gemeinsam auf eine innere Reise. Dabei erwacht das erzählte Märchen jeweils neu zum Leben. Der Erzähler Rafik Schami hat es mir gegenüber einmal in etwa so ausgedrückt: „Der Erzähler bringt das Geripppe einer Geschichte mit, Fleisch und Blut aber entstehen in jeder Erzählsituation neu."

Das bedeutet, dass auch die Erzähler*innen sich immer wieder neu auf ihre Fantasie einlassen und sie immer wieder neu erleben können und müssen. Das ist beglückend – und gleichzeitig jedes Mal eine Herausforderung. So entsteht die Lebendigkeit des Erzählens, das etwas ganz anderes ist als Rezitieren. Erzähler*in und Zuhörende vertrauen sich der Geschichte an, sie lassen die alltägliche Welt ein Stück weit los und begeben sich in die Welt der Geschichte, der Fantasie. Die Situation des Erzählens und Zuhörens bewirkt oft eine leichte Trance. Wir verlassen für eine gewisse Zeit den Alltag mit seinen Sorgen und Nöten, aber nicht, um uns einfach abzulenken, sondern um gestärkt die Herausforderungen des Alltags wieder angehen zu können.

Die Bildung der Erzählgemeinschaft ist eine Voraussetzung für gelingendes Erzählen. Es darf aber nicht übersehen werden, dass die Rollen in dieser Gemeinschaft unterschiedlich sind. Die Erzählenden bringen die Geschichte mit, die Zuhörenden die Bereitschaft zuzuhören und bei Bedarf nachzufragen. Beides ist gleichermaßen unerlässlich, und beide geben sich der Geschichte hin.

Erzählen ist, wie gesagt, etwas anderes als Rezitieren. Ein Märchen ist kein festgelegter Text, sondern ein lebendiges Gebilde, das sich in verschiedenen Gewändern zeigen kann. Diese Erfahrung höre ich immer wieder gerade von Erzähler*innen, die schon sehr lange erzählen. Einige von ihnen stehen noch in der direkten mündlichen Überlieferung, das heißt, sie haben die Geschichten, die sie erzählen, von jemandem aus einer früheren Generation gehört. Märchen wurden über lange Zeit – niemand weiß genau, wie lange – mündlich überliefert. Ein Text ist nur eine Momentaufnahme, wie ein Foto bei einem Menschen. Wir erkennen den Menschen in der Regel auf dem Foto, aber wir wissen, dass jeder Mensch viel mehr ist als ein Foto. Genauso verhält es sich mit den Märchen.

Die Verantwortung der Erzählenden

Beim Erzählen entwickelt sich oft so etwas wie eine Lehrer-Schüler- oder Großeltern-Kind-Konstellation. Beides sind archetypische Beziehungsmuster, die ein gewisses Maß an vorübergehender, wohltuender Regression bei den Zuhörenden fördern können. Erzählende sollten darum wissen, denn sonst droht die Gefahr einer unbewussten Identifikation mit dem „wissenden", „überlegen" scheinenden Pol dieser Konstellation und damit eine Inflation, die sich zunächst vielleicht angenehm anfühlen mag („Ich bin klug und weise."), die aber wie jede Inflation sehr schädliche Auswirkungen haben kann. Und bei den Zuhörenden droht die Identifikation mit dem Pol des „Unwissenden" und die Projektion des „Wissenden" auf die Erzählenden. Diese Projektion kann mit Erwartungen verbunden sein, die von den Erzählenden nicht zu erfüllen sind.

Wir kennen ähnliche Konstellationen aus jeder Psychotherapie und wir wissen, wie wichtig der bewusste Umgang damit ist. Erzählende haben Macht, und es gehört zu ihrer Verantwortung, sich dessen bewusst zu sein und die Zuhörenden nicht manipulativ für eigene Zwecke zu missbrauchen. Wie Missbrauch aussehen und wohin er führen kann, sehen wir z. B. bei den „fake news", die im Grunde Lügen und Verleumdungen sind, aber in ihrem Aufbau eben auch Geschichten, die wirken und weitergetragen werden.

Damit die Erzählgemeinschaft gelingt, gibt es noch einige weitere Aspekte, die Erzählende beachten sollten:

Verantwortung sich selber gegenüber

Wer erzählt, erzählt immer auch von sich. Ich kann deshalb nur eine Geschichte erzählen, die für mich stimmig ist, hinter der ich stehe. Nur dann wirkt mein Erzählen authentisch und überzeugend. Außerdem ist es gut, wenn ich soweit wie möglich in der Geschichte bin und so wenig wie möglich mit mir selber beschäftigt. Erfahrung ist da hilfreich, dazu aber auch ein gutes Maß an freundlicher Selbstfürsorge. Wenn es mir gut geht, kann ich auch gut erzählen, und die Zuhörenden können sich dann auch besser auf die Geschichte einlassen.

Wenn ich ein Märchen erzähle, bringe ich den Zuhörenden etwas, das mir kostbar ist. Viele spüren das und nehmen die Geschichte gerne auf. Dadurch kann beim Erzählen auch so etwas wie eine Herzensbeziehung entstehen. Wenn eine Geschichte so von Herz zu Herz erzählt wird, entsteht bei vielen Zuhörenden der Wunsch, sie weiterzuerzählen. So wandern die Geschichten, insbesondere auch die Märchen, wohl seit Jahrtausenden von Mensch zu Mensch.

Verantwortung gegenüber den Märchen

Auch wenn das Erscheinungsbild sich wandelt, sollten wir der Geschichte treu bleiben. Die Wandlung geschieht in den meisten Fällen ganz unwillkürlich, wenn z. B. aus einem Elch in einer Geschichte aus dem Norden Nordamerikas ein Büffel wird, wenn sie jemand aus der Gegend der großen Prärien erzählt. In seiner wesentlichen Struktur bleibt das Märchen erhalten, und wir erkennen sie trotz aller Unterschiede sofort wieder. Untreue gegenüber einem Märchen setzt oft dort ein, wo eine Veränderung willkürlich erfolgt, oft aus ideologischen Gründen. Die Absicht ist oft leicht zu erkennen, die Geschichte wirkt dann in der Regel konstruiert und unglaubwürdig.

Das Märchen kann nicht nur sein Erscheinungsbild wandeln, sondern es kann in einer Erzählsituation plötzlich wie „auftauchen", sich in Erinnerung rufen. Es möchte dann erzählt werden. Nach der Erfahrung vieler Erzähler*innen ist es in der Regel gut, diesem spontanen, intuitiven „Auftauchen" zu vertrauen. Und umgekehrt ist dringend davon abzuraten, ein Märchen entgegen diesem Gefühl zu erzählen. Verantwortung den Märchen gegenüber bedeutet, sie als eigenständige Wesenheiten wahrzunehmen und zu respektieren.

Verantwortung den Zuhörenden gegenüber

Selbstverständlich sind auch die Zuhörenden wahrzunehmen und zu respektieren. Das bedeutet, dass ich mir als Erzähler meiner Macht bewusst bin und sie nicht missbrauche, wie schon oben erwähnt. Es bedeutet auch, dass ich bei der Wortwahl, dem Spannungsaufbau und dem Erzählfluss (wie viel und an welcher Stelle schmücke ich aus) auf die Zuhörenden eingehe, und vor allem ihnen Raum lasse für ihre eigenen inneren Bilder. Dazu gehört außerdem, dass ich auf Zwischenfragen und Kommentare zur Geschichte kurz eingehe. Die Zuhörenden sind so an der Geschichte beteiligt. Und schließlich bedeutet diese Verantwortung auch, dass ich die Zuhörenden wieder aus der leichten Trance und Regression herausführe, sodass sie am Ende des Erzählens gut und gestärkt wieder in ihren Alltag zurückfinden. Dieses Hinausführen geschieht oft durch eine Formel am Ende, die – meist auf fröhliche Art und Weise – in das „Hier und Jetzt" zurückführt, wie z. B.: „Und wenn sie nicht gestorben sind, leben sie noch heute."

Mit dieser vertrauten Formel endet Fundevogel als einziges Märchen in der Sammlung der Brüder Grimm. Aber sie hat viele Menschen angesprochen und gilt nun oft als „typischer Märchenschluss".

Literatur

Brüder Grimm (1946). *Kinder- und Hausmärchen*. Zürich.

Harari, Y. N. (2013). *Eine kurze Geschichte der Menschheit*. München: dva.

Jung, C. G, Jaffé, A. (1979). *Erinnerungen, Träume, Gedanken von C. G. Jung*. 7. Auflage. Olten: Walter.

Jung, C. G. (1990). *Briefe Band 1*. Olten: Walter.

Max Lüthi (1992). *Das Europäische Volksmärchen – Form und Wesen*. Tübingen.

Gidon Horowitz
Märchenerzähler und Schriftsteller, Autor mehrerer Märchenbücher. Psychologischer Psychotherapeut (Psychotherapie / Psychoanalyse, DGAP, IGfAP) in eigener Praxis in Stegen bei Freiburg im Breisgau. Im Vorstand der Internationalen Gesellschaft für Tiefenpsychologie e.V.

Die historische Beweislast ist erdrückend: Soweit wir überhaupt nur zurückdenken können, haben Menschen offenbar innere Bilder über die Beschaffenheit ihrer äußeren Welt entwickelt und zur Gestaltung dieser Welt benutzt. Im Lauf der Menschheitsgeschichte zu unterschiedlichen Zeiten und unter unterschiedlichen Bedingungen, in den Gehirnen einzelner Menschen erst einmal entstanden, haben bestimmte Visionen und Ideen als individuelle und kollektive Leitbilder die bisherige Lebens- und Weltgestaltung der Menschen auf dieser Erde bestimmt. […]

Mit ihrer Hilfe wurde nicht nur das Gleisbett gelegt, auf dem der Zug, mit dem sich die Menschheit fortbewegt, schlingernd und mehr oder weniger rasch vorankam. Sie, diese selbst mit den modernsten bildgebenden Verfahren im Gehirn des Menschen kaum sichtbaren Aktivierungsmuster bestimmter Neuronenverbände und synaptischer Netzwerke, haben auch die entscheidenden Weichen gestellt, über die dieser Zug in eine bestimmte Richtung dahinrollte.

Was für eine ungeheure Vorstellung: Nichts weiter als nackte Bilder, bloße geistige Vorstellungen erweisen sich als die entscheidenden, die Menschheit bewegenden, die Menschheitsentwicklung bestimmenden Kräfte.

(G. Hüther, Die Macht der inneren Bilder, 2004, S. 11 f.)

Bilderverbot und Bilderverehrung in den Religionen

Johannes Dürr

Dass Bilder eine Macht sein können, leuchtet ein: Mehr als verbale Mitteilungen kann das Medium Bild ein Ereignis herausstellen und Betroffenheit hervorrufen, die den Betrachter in Beschlag nimmt. Man denke nur an die Bilder des Anschlags auf die Türme des World Trade Centers am 9.11.2001 – der seinerseits als eine Form eines Bildersturms verstanden werden kann gegen ein bestimmtes Bild der westlichen Zivilisation.

Stürme gegen die Macht der Bilder und Bilderverbote haben in Religionen eine erhebliche Rolle gespielt. Während im Hinduismus Bilder von menschenähnlichen Göttern und im Buddhismus z. B. von Buddha zur Erinnerung und Belehrung der Betrachter selbstverständlich sind, wurden sie etwa bei extremen Moslemgruppen wie den Taliban zur Zielscheibe der Zerstörungswut – so erst 1998 und 2001 geschehen an den riesigen Buddha-Statuen von Bamiyan in Afghanistan. Hintergrund ist das islamische Bilderverbot, das allerdings keineswegs so radikal gedacht war.

Ein Bilderverbot findet sich gerade bei monotheistischen Religionen. Es soll dem rechten Verhältnis zwischen Mensch und Gottheit dienen. Einzigartigkeit und Unverfügbarkeit Gottes sollen gewahrt bleiben. Ob dazu ein Bilderverbot nötig ist, hängt nun davon ab, wie die Differenz zwischen Darstellung und Dar-

Die größte der Buddha-Statuen von Bamiyan, bekannt als „Vater Buddha". Foto: Annemarie Schwarzenbach 1939/40. Die monumentalen Statuen wurden 507 und 554 n. Chr. erbaut und waren einst die die größten stehenden Buddha-Statuen der Welt, bis die Taliban sie 2001 zerstörten. (wikimedia.org.)

gestelltem verstanden wird. Die Bilderfreunde versuchten durchaus, diese Differenz zu wahren. Sie verstanden eine Abbildung nicht als eine Verkörperung des Dargestellten, sondern sie solle der Erinnerung daran dienen und seine Bedeutung herbeirufen. Somit repräsentiert das Abbild das Urbild und kann verehrt, aber nicht angebetet werden.

Die Bilderfeinde gehen jedoch davon aus, dass Sinnliches und Materielles nicht auf Göttliches verweisen kann. Vielmehr würde ein sol-

Weiße Tara, Tibet, 18. Jhd. (wikimedia.org)

cher Verweisungszusammenhang die absolute Wirklichkeit des Urbilds verletzen. Darum sind sakrale Bilder abzulehnen.

Das Verhältnis beider Sichtweisen hängt nun davon ab, wie eine Gottheit bestimmt wird: Ist sie ganz dem rein Geistigen und Unsichtbaren zuzuordnen, oder ist sie nicht auch in die Welt eingegangen? Kann sie nur im Begrifflichen benannt werden, oder tangiert und umfasst ihre Wirklichkeit nicht auch das Seelische und Sinnliche? Dann könnte nicht zuletzt das innere Erleben bedeutsam werden und damit der Umgang auch mit inneren Bildern.

Beide Sichtweisen gilt es zu bedenken: die Ablehnung und die Befürwortung der Bilder. Letztlich müsste deutlich werden: Sichtbares und Nicht-Sichtbares, reale und mögliche Wirklichkeit müssen aufeinander bezogen sein, sind aber nicht aufeinander reduzierbar. Oder anders gesagt: Was sich ins Bild fassen lässt, ist nicht schon identisch mit dem, was es zu fassen versucht.

Wie sich beide Sichtweisen zueinander verhalten, wurde in den monotheistischen Religionen durchaus unterschiedlich bestimmt und hatte eine wechselvolle Geschichte, wie der folgende Überblick zeigen soll.

Judentum, Altes Testament

Im Alten Testament wird an zentralen Stellen ein Bilderverbot formuliert. So steht in den Zehn Geboten als zweites: „Du sollst dir kein Bildnis noch irgendein Abbild machen [...]" (Exodus 20,4, vgl. Deuteronomium 5, 8). Dieses Bildergebot, zu verstehen als Verbot, hat eine lange und komplexe Entstehungsgeschichte, und es gibt dafür keine eindeutige Erklärung. Viel spricht dafür, dass das Bilderverbot im Zusammenhang mit der Herausformung des Monotheismus steht: Es folgt auf das 1. Gebot mit dem Verbot der Verehrung anderer Götter – die in Kultbildern als ihrer Inkarnation verehrt wurden. Das Bilderverbot richtete sich also ursprünglich nicht generell gegen Bilder, sondern gegen ihre Verwendung als Kultobjekte. Solche gab es in Israel durchaus bis ins 7. Jahrhundert. Doch die Forderung nach bildloser Gottesverehrung und der Verehrung nur eines Gottes verschärfte sich, insbesondere in prophetischer Kritik. Denn nur dieser eine Gott habe Israel befreit und lasse es aus seiner Zuwendung leben. Doch erst in der frühen nachexilischen Zeit nach Mitte des 6. Jahrhunderts kommt es zum generellen Bilderverbot im Zusammenhang mit der Abgrenzung gegen alle Fremdkulte, wobei anzumerken ist, dass in hellenistischer Zeit viele Synagogen wieder mit Bildern ausgeschmückt wurden.

Und auch sonst sind die möglichen Folgen eines Bildverbots zu bedenken: Wenn eine Religion als Ausdruck ihrer Identität keine greifbaren Symbole in Bildgestalt hat, kann anderes an deren Stelle wirkmächtig werden. So kann angenommen werden: Die Ablösung der Bildkultur zugunsten einer reinen Wortkultur hat dazu geführt, dass die Schriftrolle im Judentum hohe, geradezu kultische Verehrung genießt.

Christentum in der Zeit der Alten Kirche

In den ersten beiden Jahrhunderten wahrte das Christentum in jüdischer Tradition die Bildlosigkeit. Doch bereits seit dem frühen 3. Jahrhundert sind christliche Bildzeugnisse nachweisbar, so in der Katakombenmalerei, wo z. B. Christus als guter Hirte dargestellt wird. Hintergrund für die Relativierung des alttestamentlichen Bilderverbots ist der Gedanke, dass Gott sich in Christus gezeigt habe und dieser somit als sein Bild verstanden werden kann.

Durch die Jahrhunderte zieht sich dann eine Auseinandersetzung über die Legitimität einer Bilderverehrung. Hauptsächlich spielten dabei theologische Argumente eine Rolle, so die Frage, was es für die Bilderverehrung bedeutet, dass Christus eine menschliche und eine göttliche Natur habe: Tangiert die Möglichkeit, gemäß seiner menschlichen Natur Bilder von ihm zu verehren, nicht auch die Unverfügbarkeit seiner göttlichen Natur?

Darüber gab es seit dem 4. Jahrhundert in Kirche und Theologie intensive Diskussionen. Vor allem in der Ostkirche wurde die Bilderfrage zu einem beherrschenden Thema. 726 verfügte der byzantinische Kaiser Leo III ein Bilderverbot. Unter seinem Nachfolger wurde 754 bei einem Konzil ein Bilderverbot beschlossen und Befürworter der Bilderverehrung exkommuniziert. Doch 787 wurde der Bilderstreit im 2. Konzil von Nicäa zugunsten der Bilder- und Ikonenverehrung entschieden. Und nach einer zweiten Phase eines Bilderverbots wurde die Bilderverehrung 843 durch kaiserliches Dekret endgültig legitimiert.

Hauptargument für die Bilderverehrung: Die Menschwerdung von Gott in Jesus erlaubt es dem Menschen, sich über das Bild Gott zuzuwenden. Die Ikone ist gleichsam das Fenster, durch das die Glaubenden den dreieinen Gott schauen können.

Islam

Wie in der jüdischen und in der christlichen Tradition ist das Bilderverbot Ergebnis einer längeren und komplexen Entwicklung. Wichtig sind aufgrund von Aussagen des Koran vor allem drei Gesichtspunkte: Erstens: Es soll keine Bilder geben, die neben Gott verehrt werden können (siehe Sure 21,52 ff.). Es geht also wie im Alten Testament zuerst nicht um ein generelles Bilderverbot, sondern um eine Abgrenzung gegenüber anderen Göttern. Zweitens: Aufgrund der Unmöglichkeit, Gott darzustellen, kann es keine Bilder geben (siehe Sure 6, 103). Maßgeblich ist also der islamische Gottesbe-

Die Ikone der Gottesmutter von Wladimir, kurz Wladimirskaja, ist eine Ikone des späten 11. oder frühen 12. Jahrhunderts, ein Nationalheiligtum Russlands und somit eine der wichtigsten Ikonen der gesamten russischen Orthodoxie. (wikipedia.org)

griff: Allah ist total unvergleichlich und unverfügbar, mit ihm gibt es von menschlicher Seite aus keine Berührungspunkte. Drittens: Es soll keine Bilder geben, die ein Wesen mit Lebensodem abbilden (siehe Sure 59,24). Allah allein kann schöpferisch tätig sein, darum kann ein Geschöpf nicht ebenfalls etwas (nachbildnerisch) erschaffen. Dargestellt werden können nur Pflanzen aufgrund ihrer Ortsgebundenheit – sie kommen Ornamenten gleich – oder auch Lebewesen auf Teppichen oder Kissen, auf die man tritt oder sitzt – dadurch gelten sie als nicht lebensfähig.

Ein ausdrückliches Bilderverbot findet sich im Koran allerdings nicht. Es wurde erst in der Rechtsliteratur formuliert und betraf vor allem den Bereich der sakralen Kunst und des öffentlichen Raums. Doch es gab immer wieder bildliche Darstellungen, z. B. in Schlössern und besonders in der Buchmalerei, darunter sogar Bilder von Mohammed.

Heute sind Fotos, Fernsehbilder oder Bilderbücher selbstverständlicher Teil der privaten Alltagskultur, während das Bilderverbot im öffentlichen Raum immer noch vorherrscht. Und wie im Judentum lässt sich der große ornamentale Reichtum in der Architektur und die künstlerische Gestaltung von Schriften als eine Art Sublimierung jener Macht verstehen, die Bilder ausüben.

Protestantismus und seine Folgen

Vorgeschichte: Mit der Synode von Frankfurt 794 versuchte das Karolingerreich auf die Beschlüsse des Konzils von Nicäa zu reagieren, welche durch mangelhafte Übersetzung jedoch im Sinn einer Anbetung von Bildern missverstanden wurden. Statuen wurden als kirchliche Kultbilder verboten, nur das Kruzi-

Die Freitagsmoschee von Yazd, Iran. Die Moschee aus dem 12. Jahrhundert ist heute nach wie vor in Benutzung. (wikimedia.org)

fix und didaktische Darstellungen waren erlaubt. Bald aber entwickelte sich in der Westkirche eine reiche Sakralkunst, nur vereinzelt gab es Kritik etwa am überreichen Aufwand. Die Verehrung von Christus, Maria und Heiligen, so deuteten es die Theologen, galt nicht dem sichtbaren Zeichen, sondern den damit gemeinten Personen. Sogar Gottvater konnte jetzt bildlich dargestellt werden. Doch bereits in spätmittelalterlichen Reformbewegungen gab es Kritik am Bilderkult: dass die Verehrung dem Seelenheil dienen sollte, dass Bilder eine Art magischer Qualität gewannen, die verehrten Personen als real präsent verstanden wurden und auch Wunder bewirken sollten.

Zum Bilderstreit kam es dann dezidiert in der Reformationszeit. Ein Anhänger Luthers, der Wittenberger Professor Karlstadt, schrieb:

> Bilder, der irdisch-sinnlichen Sphäre verhaftet, seien anstelle Gottes getreten, dem allein die Ehre gelte. Er löste in Wittenberg einen Bildersturm aus. Daraufhin verließ Luther die Wartburg, schritt ein und stellte klar: Nicht das Bild als solches ist abgöttisch, sofern der Mensch nicht sein Herz daran hängt und es als Mittel zum Heil ansieht. Wenn der Mensch aber an Christus glaube, so trage er von ihm ein Bild im Herzen – warum solle er es dann nicht auch nicht mit Augen sehen können? Und so könne es auch in den Dienst der Verkündigung des Evangeliums gestellt werden.

> Insbesondere seien Bilder didaktische Mittel zum Nutzen der einfachen Leute. Entsprechend pflegte Luther die Verbindung zu Lucas Cranach und anderen und ist auf Bildern von Cranach sogar selbst in Verbindung mit dem Gekreuzigten dargestellt. Das Bild als solches ist weder gut noch böse, es wird wesentlich von seinem Nutzen und Gebrauch her verstanden. Bilder sind erlaubt, sofern sie nicht Unbiblisches darstellen.

> Damit übernimmt Luther die Auffassung des Kirchenvaters Augustin, der die Bilder zu den wertneutralen Dingen zählt, und von Papst Gregor

Glasfenster mit Johannes Calvin, Evangelische Kirche Saint-Sauveur in Straßburg (wikimedia.org)

dem Großen, der auch schon den didaktischen Wert der Bilder betonte.

Anders sieht es die reformierte Seite der Reformation: Nach Zwingli ist Gottesverehrung nur im Geist möglich, religiöse Kunst dagegen sei Götzendienst – was dann umgekehrt bedeutet, dass profane Kunst einen eigenen Wert gewinnt. Calvin vertrat das Bilderverbot dann noch entschiedener: Während Luther bei den Zehn Geboten das Bildergebot nicht als eigenes Gebot zählte, legte Calvin Wert auf strenge Befolgung dieses Gebots.

In reformierten Regionen wurden darum Bilder konsequent aus den Kirchen entfernt: nach Anweisung Zwinglis 1524 in Zürich in geordneter Weise durch den Rat der Stadt.

An anderen Stellen kam es zu Bilderstürmen, die stark auch mit sozialkritischen Elementen verbunden waren gegen den Prunk in den Kirchen und die Ausbeutung der Armen. Interessant ist die Entwicklung in Württemberg, wo sich lutherische und reformierte Elemente verbanden. 1537 urteilten Vertreter beider Seiten beim sogenannten Uracher Götzentag über Nützlichkeit oder Schädlichkeit von Bildern in den Kirchen. Obwohl es keine Einigung gab, kam es zu einem politischen Beschluss. Alle Bilder und Gemälde sollten aus den Kirchen getan und ausgeräumt werden.

Die Umsetzung war allerdings nicht konsequent. Bald entstand wieder eine ausgeprägte lutherische Bildkultur, so z. B. in der Stadtkirche Esslingen 1604 der Hochaltar von Lucas Osiander dem Älteren. Die reichhaltige Ausmalung zahlreicher Württemberger Kirchen mit biblischen Szenen, meist versehen mit Bibelsprüchen, ging zum großen Teil erst aufgrund der Anschauungen der Aufklärung verloren.

Schließlich führten die protestantische Problematisierung des Bilderkultes und die Folgen calvinistischer Bilderstürme auch in der katholischen Kirche zu Reformen. Bereits Erasmus von Rotterdam und andere übten in der Reformationszeit Bilderkritik. In einem Dekret wurde 1563 auf dem Konzil von Trient festgelegt: Bilder können verehrt, aber nicht angebetet werden. Die Bischöfe sollten Missbrauch verhindern. Kunst müsse jedoch zugleich im Dienst des Glaubens und der Kirche stehen.

In dieser Beziehung hatte das Bilderverbot in den reformierten Kirchen noch eine andere weitreichende Folge: Die Entsakralisierung der Bilder ermöglicht eine weltliche und subjektiv geprägte Sicht auf die Welt. Wenn der Glaube aus dem Hören kommt, stellen sich innere Bilder ein und führen zu eigenen Vorstellungen. Der Trend zum inneren Bild als Ausdruck religiöser Freiheit führt zu einem Trend der Verinnerlichung in der Kunst selbst. Während z. B. Rubens auf die sichtbare Verkörperung christlicher Glaubensinhalte setzt, profaniert ein Rembrandt die Heiligen, indem er sie zu Menschen macht, die anrühren und zu einem neuen Sehen führen. Das Heilige scheint im Alltag der Welt auf, und ins Dunkel der Verborgenheit fällt ein neues Licht.

Entsprechend kam nach christlicher Anschauung Gott in Jesus als Mensch zur Welt, noch in dessen Leiden als Verborgener präsent und solidarisch, damit der Mensch und

Lucas Cranach der Ältere (1472–1553): Jesus und die Samariterin, Museum der Bildenden Künste, Leipzig (wikimedia.org)

Literatur

Bahr, P. (2013). *Von der Befreiung der Bilder – ein etwas anderer Blick auf den reformatorischen Bildersturm.* In: Kunst und Kirche 02/2013. Wien: Medeco Holding.

Heine, S. (1997). *Gott im Bildersturm.* In: Verkündigung und Forschung 2-97. Gütersloh: Gütersloher Verlagshaus.

Hartenstein, F., Moxter, M. (2016). *Hermeneutik des Bilderverbots.* Leipzig: Evangelische Verlagsanstalt.

Jäger, G. (2004). *Die Blicke der Menschen erreichen ihn nicht. Das Bilderverbot im Judentum, Christentum und Islam.* In: Kunst und Kirche 4/2004. Darmstadt: Verlag DAS BEISPIEL.

Link, Ch. (2002). *Gott ist ein Fremdling. Das alttestamentliche Bilderverbot ist ein Garant der Freiheit.* In: zeitzeichen Juni 2002. Stuttgart: Kreuz.

Schwebel, H. (1980). *Das Christusbild in der Bildenden Kunst der Gegenwart.* Textband. Teil C: Das Christusbild im Spiegel historischer Kritik. Gießen: wilhelm schmitz.

diese Welt menschlicher werden. Aber er geht nicht in dieser Welt auf. Insofern wahrt das Bilderverbot Gottes Freiheit. Er lässt sich nicht für die bestehende Ordnung vereinnahmen. Er bringt eine andere, neue Welt in Sicht, die schon hier und heute beginnen kann. Für sie gibt es schon in der Bibel Bilder, die weit über das Bestehende hinausweisen (z. B. Friedensbilder, Micha 4, 3 f. oder das Bild des neuen Jerusalem, Offenbarung 21 -22,5). So haben Bilder zugleich bleibende Bedeutung: verstanden als innere Bilder, die darauf aus sind, Zukunft zu gestalten. Innere Bilder können so auch heute eine eigene Wirkmacht entfalten – weg von alten Rollenbildern oder „Images" der Selbstinszenierung und hin zu neuen Möglichkeiten eines verantwortlichen und solidarischen Lebens.

Johannes Dürr
Pfarrer i.R., Tübingen, geb. 1946, Studium der Kirchenmusik in Esslingen und der Theologie in Tübingen, Göttingen und Mainz; Musikrepetent am Evang. Stift Tübingen; Gemeindepfarrer in Burladingen, Esslingen und Ditzingen, seit 2015 Landesvorsitzender der Evang. Akademikerschaft in Württemberg.

... die Freude, die Liebe und das lebendige Leben...

in der *Unendlichen Geschichte* von Michael Ende (5)

Michael Ende erzählt, dass er lange Zeit nicht wusste, wie er Bastian aus Phantásien wieder herausfinden lassen sollte und er seinen Verleger immer wieder neu vertrösten musste. Erst nach fast dreijähriger Arbeitszeit gelang es ihm, das Buch abzuschließen.

Wie hat Bastian nun aus Phantásien zurückgefunden? Bastian kommt, nachdem er seine ganze frühere Identität und seine Erinnerungen vergessen und auch alle seine phantásischen Fähigkeiten verloren hat, schließlich ins Zentrum von Auryn, zu den Wassern des Lebens, die von den beiden Schlangen umfasst werden.

In diesem letzten Augenblick, da er keine der phantásischen Gaben mehr besaß, aber die Erinnerung an seine Welt und sich selbst noch nicht wiederbekommen hatte, durchlebte er einen Zustand völliger Unsicherheit, in dem er nicht mehr wußte, in welche Welt er gehörte und ob es ihn selbst in Wirklichkeit gab. Aber dann sprang er einfach in das kristallklare Wasser hinein, wälzte sich, prustete, spritzte und ließ sich den funkelnden Tropfenregen in den Mund laufen. Er trank und trank, bis sein Durst gestillt war. Und Freude erfüllte ihn von Kopf bis Fuß, Freude zu leben und Freude, er selbst zu sein. Denn jetzt wußte er wieder, wer er war und wohin er gehörte. Er war neu geboren. Und das schönste war, daß er jetzt genau der sein wollte, der er war. Wenn er sich unter allen Möglichkeiten eine hätte aussuchen dürfen, er hätte keine andere gewählt. Denn jetzt wußte er: Es gab in der Welt tausend und tausend Formen der Freude, aber im Grunde waren sie alle eine einzige, die Freude, lieben zu können. Beides war ein und dasselbe.
Auch späterhin, als Bastian längst wieder in seine Welt zurückgekehrt war, als er erwachsen und schließlich alt wurde, verließ ihn diese Freude nie mehr ganz. Auch in den schwersten Zeiten seines Lebens blieb ihm eine Herzensfrohheit, die ihn lächeln machte und die andere Menschen tröstete.

Der Antiquar, von dem er das Buch *Die unendliche Geschichte* heimlich mitgenommen hatte, zieht die Bilanz:

Es gibt Menschen, die können nie nach Phantásien kommen,
und es gibt Menschen, die können es, aber sie bleiben für immer dort.
Und dann gibt es noch einige, die gehen nach Phantásien
und kehren wieder zurück. So wie du. Und die machen beide Welten gesund.

... die Individuation, das Selbst und das schöpferisch-symbolische Leben ...

in der Analytischen Psychologie

Welche Bilanz zieht C. G. Jung nach den vielen Jahren seiner eigenen „Quest"?

Ich mußte mich zuerst von diesem Strom mitreißen lassen, ohne zu wissen, wohin er mich führen würde. Erst als ich die Mandalas zu malen anfing, sah ich, daß alles, alle Wege, die ich ging, und alle Schritte, die ich tat, wieder zu einem Punkte zurückführten, nämlich zur Mitte. Es wurde mir immer deutlicher: das Mandala ist das Zentrum. Es ist der Ausdruck für alle Wege. Es ist der Weg zur Mitte, zur Individuation.
Während der Jahre zwischen 1918 bis ungefähr 1920 wurde mir klar, daß das Ziel der psychischen Entwicklung das Selbst ist. Es gibt keine lineare Entwicklung, es gibt nur eine Circumambulation des Selbst. Eine einsinnige Entwicklung gibt es höchstens am Anfang; später ist alles

Das Mandala als Symbol des Selbst, der Vereinigung der Gegensätze („Mysterium Coniunctionis"), der vieldimensionalen schöpferischen Einheit und Ganzheit des Menschen. (Abb.: Collage aus einem tibetischen und einem jungschen Mandala)

Hinweis auf die Mitte. Diese Erkenntnis gab mir Festigkeit, und allmählich stellte sich die innere Ruhe wieder ein. Ich wußte, daß ich mit dem Mandala als Ausdruck für das Selbst das für mich Letzte erreicht hatte. Vielleicht weiß ein anderer mehr, aber nicht ich.
(Jung/Jaffé, 1962, Erinnerungen, Träume, Gedanken, S. 200)

Wie schon erwähnt, heißt Mandala Kreis. Es gibt viele Varianten des hier dargestellten Motives, die aber allesamt auf der Quadratur des Zirkels beruhen. Ihr Grundmotiv ist die Ahnung eines Persönlichkeitszentrums, sozusagen einer zentralen Stelle im Inneren der Seele, auf die alles bezogen, durch die alles geordnet ist, und die zugleich eine Energiequelle darstellt.
Die Energie des Mittelpunktes offenbart sich im beinahe unwiderstehlichen Zwang und Drang, das zu werden, was man ist, wie jeder Organismus annähernd jene Gestalt, die ihm wesenseigentümlich ist, unter allen Umständen annehmen muß.
Dieses Zentrum ist nicht gefühlt oder gedacht als das Ich, sondern, wenn man so sagen darf, als das Selbst. Obschon das Zentrum einerseits einen innersten Punkt darstellt, so gehört zu ihm andererseits auch eine Peripherie oder ein Umkreis, der alles in sich enthält, was zum Selbst gehört, nämlich die Gegensatzpaare, welche das Ganze der Persönlichkeit ausmachen. Dazu gehört das Bewußtsein in erster Linie, sodann das sogenannte persönliche Unbewußte, und schließlich noch ein unbestimmt großer Ausschnitt des kollektiven Unbewußten, dessen Archetypen allgemeinmenschlich sind.
(Jung, GW 9/1, § 634)

„Es ist schön, wenn Träume plötzlich wahr werden, finden Sie nicht?"

Die Drama-TV-Serie „Anne with an E"

Dieter Knoll

Anne with an E ist eine kanadische Dramaserie, basierend auf der international erfolgreichen Romanserie *Anne auf Green Gables* von Lucy Maud Montgomery aus dem Jahr 1908, die sicherlich auf sehr viele autobiografische Erfahrungen zurückgeht. 1986 in deutscher Übersetzung erschienen in sechs Bänden. Der Roman wurde mehrfach verfilmt, zuletzt durch Netflix ab 2017 in 27 Episoden in drei Staffeln.

Darsteller sind: Amybeth McNulty als Anne, Geraldine James als Marilla Cuthbert, R. H. Thompson als Matthew Cuthbert, Lucas Jade Zumann als Gilbert Blythe, Dalila Bela als Diana Barry, Corinne Koslo als Rachel Lynde.

Wer ein wundervolles Werk über die verändernde Kraft der Imagination erleben will, kommt an dieser Serie nicht vorbei. In jeder Folge muss Anne sich neu bewähren und entfaltet ihre verändernde Kraft. Die Geschichte geht auf das Jahr 1896 zurück und spielt auf dem kanadischen Prince Edwards Island im St. Lorenz-Stromdelta. Die Atmosphäre dort in jener Zeit ist geprägt durch außerordentlich puritanische Einstellungen und Verkrustungen.

Zu Beginn sitzt Anne Shirley auf einer Bank im Bahnhof und wartet, dass sie von ihren zukünftigen Adoptiveltern abgeholt wird. Diese sind das Geschwisterpaar Matthew und Marilla Cuthbert, die aufgrund des Hoferhalts und der Pflege der Eltern auf eigenes Glück verzichtet haben und nun gemeinsam das Gut bewirtschaften. Als Matthew realisiert, dass kein Junge, sondern ein rothaariges, sommersprossiges Mädchen gekommen ist, hat er kaum Zeit, seine Erschütterung zuzulassen, denn sie geht sofort auf ihn zu: „Sie müssen Mr. Matthew Cuthbert sein, ich bin so froh, dass Sie gekommen sind. Ich hatte nämlich schon ein bisschen Angst, dass Sie nicht kommen würden. Da habe ich mir überlegt, dass ich dann auf dem Kirschbaum dort unten die Nacht verbringen würde. Ich hätte überhaupt keine Angst gehabt. Es muss wundervoll sein, im silbernen Mondschein auf einem blühenden Kirschbaum zu schlafen, finden Sie nicht auch? Man könnte sich vorstellen, man wäre in einer großen Marmorhalle."

Matthew und Marilla haben eigentlich einen kräftigen Jungen für die Farmarbeit gesucht, sind nun mit einem zwar wachen, aber etwas vorlauten, viel redenden Mädchen konfrontiert: „Wenn es sein muss, kann ich auch still sein, obwohl es mir, ehrlich gesagt, schwer fällt."

Sie wollen das Mädchen wieder zurückgeben, vor allem Marilla, und so beginnt ein weiterer Kampf Annes um ihre Existenzberechtigung. Sie hat bis zu diesem Zeitpunkt Waisenhäuser und schwierigste Pflegefamilien erlebt und ertragen und will nicht zurück. Sie kennt ihre Eltern nicht, sie sind beide kurz nach ihrer Geburt gestorben. Sie weiß einerseits, was sie nicht mehr will, ist andrerseits schnell überzeugt, dass es auf diesem Hof bei diesem Paar gut werden kann, ja muss. Sie ist davon nicht nur überzeugt, sondern unterstreicht das auch durch eine Kraft der Imagination, die sie Vorstellungskraft nennt und die ihr hilft, gegen alle möglichen Widerstände zu kämpfen.

Solche Widerstände gibt es im Lauf der Serie zahlreich und häufig steht sie kurz vor dem Scheitern. Da gibt es zum einen dieses Paar, Marilla mit klaren Prinzipien und einem strengen, christlich motivierten Verhaltenskodex, aber mit einem klaren Verstand und einem warmen Herzen, dann Matthew, der sehr wenig spricht, dessen Herz Anne aber früh erreicht und der aus dem Staunen über so ein quicklebendiges Wesen gar nicht heraus

kommt. Gleich am Anfang, auf der Kutschfahrt vom Bahnhof zum Haus, gelingt das mit ihren für ihn wundersamen Sätzen: „Ich bin so froh, dass ich auf der Welt bin, die Welt ist so interessant. Und wenn wir schon alles wüssten, wäre sie nur halb so schön, nicht wahr? Man hätte überhaupt keinen Raum für Fantasie, oder?" „Oh, ich bin ja so froh! Ich weiß jetzt schon: Wir Zwei werden uns gut verstehen."

Dies weckt ein Wohlbefinden in Matthew, während es ihm jedoch immer banger wird, weil er weiß, dass seine Schwester ihr erklären muss, dass sie die Falsche ist. Matthew sagt wenig, er spricht vor allem mit Mimik und Gestik, aber wenn er einmal spricht, dann kommen klare und menschliche Botschaften. Als Marilla sagt, „Sie ist nicht die Richtige für uns!", antwortet er: „Aber vielleicht sind wir die Richtigen für sie."

Während er schon gleich eingesponnen ist in die lebendigen Satzsprünge dieses Wesens, fängt er an, die Konsequenz seiner Schwester zu fürchten. Diese ist tatsächlich entsetzt und erklärt Anne sehr schnell, dass sie zurückmuss, wird aber auch, gegen all ihren Widerstand und durch die Hintertür ihres Herzens, durch ihre Art und auch ihre Ausdrucksweise betört.

„Sie wollen mich nicht haben, weil ich kein Junge bin! Ich hätte es doch ahnen müssen. Mich hat noch nie jemand gewollt. Es war einfach zu schön, um wahr zu sein. Ach, was soll ich jetzt nur tun?"

Und dann beim Essen: „Ich kann nicht essen, ich bin mit der Welt zerfallen! Könnten sie etwa essen, wenn sie mit der Welt zerfallen wären?" „Ich weiß es nicht, ich glaube, ich war noch nie mit der Welt zerfallen." „Wirklich noch nie? Und haben sie sich auch noch nie vorgestellt sie wären es?" „Nein, auch noch nicht." „Dann können sie auch nicht verstehen wie das ist. Es ist ein ziemlich unangenehmes Gefühl, das kann ich Ihnen versichern."

Und auch Marilla bringt es nach anfänglichen Versuchen nicht übers Herz, sich von Anne wieder zu trennen. Die wenigen Anläufe und ein Besuch bei einer möglichen Pflegefamilie machen ihr schnell deutlich, aus welcher schrecklichen Welt dieses Kind kommt und welchen Kampf es kämpft.

Dann gibt es die Freundin von Marilla, die resolute Nachbarin Rachel, die alles weiß, eine Art Intranet der Insel, in allen Vereinen und relevanten Gremien zuhause und voller guter Ratschläge. Sie ist schnell schockiert über die offene Ehrlichkeit Annes, wusste ja auch von Anfang an, dass das schief gehen wird, kann sich aber auf Dauer ihrem Charme nicht entziehen. Es gibt den Lehrer der Schule, der einerseits ein etwas zweifelhaftes amouröses Verhältnis zu einer Schülerin hat, andrerseits und vielleicht gerade deshalb überstreng ist und Anne von Anfang an ablehnt. Es gibt den Pfarrer mit seinen bedächtigen, aber tiefgreifenden Bedenken, es gibt Mitschüler, die sie wegen ihrer roten Haare – unter denen sie vor allem leidet - und ihrem Aussehen aufziehen, quälen und „Karotte" nennen. Es gibt auch Mitschüler, die von ihr ausgehende Freiheit und Erneuerung spüren und die Chance wittern, sich aus ihren eigenen Fesseln lösen zu können. Beeindruckend

gelingt es ihr, mehr und mehr Menschen für sich zu gewinnen, sie können sich der Faszination nicht entziehen.

Da gibt es das Mädchen Diana Barry aus gutem Hause, das sich von ihr angezogen fühlt und zur Freundin wird. Diana riecht die Freiheit, die von Anne ausgeht. Es gibt deren Tante, die in der nahen Stadt in einem geheimnisvollen Haus lebt, in einem lesbischen Verhältnis gelebt hat und mitten in der puritanischen Welt dazu steht. Es gibt irgendwann eine neue Lehrerin, die mit Annes Überschwang umzugehen versteht und sie fördert. Auch Rachel, die sie sich durch ihre Ehrlichkeit gleich zu Anfang zur Feindin gemacht hat, wird schließlich zu Annes entschiedenen Verteidigerin. Natürlich entsteht auch eine sehr wechselvolle und immer bedrohte Liebesgeschichte mit dem verstehenden und sanften Gilbert Blythe und beide umkreisen sich lang, nicht so recht wissend was ihnen eigentlich geschieht. In Anne weckt die Liebe die uralten Zweifel, ob sie denn wahr sein kann, ob sie wirklich gemeint sein kann, aber auch ob sie durch sie ihre Freiheit zu verlieren droht.

Es ist beeindruckend, wie Folge für Folge etwas von diesem Mädchen aus in die kleine Welt strömt, die Fassaden bröckeln lässt und wie die mühsam stabilisierten Moralgebäude und Lügenbarrikaden unter dem Charme ihrer

Ideen und geradezu umwerfenden Lebendigkeit einzustürzen beginnen.

Im Roman wird gesagt: „Anne war von Geburt an ein Kind des Lichts. War sie mit einem Lächeln oder mit ein paar Worten, die wie ein Sonnenstrahl waren, in das Leben eines Menschen getreten, so war er beeindruckt. Denn dieser Augenblick war so hoffnungsvoll und schön und stand unter einem guten Stern." (Montgomery: Anne in Avonlea, S. 58, Wien 1987)

Stufe für Stufe gewinnt sie Matthew und Marilla für sich, beide werden in unterschiedlicher Weise immer tiefer durch sie berührt und mehr und mehr an die eigene Geschichte von Verzicht und Einsamkeit erinnert und spüren langsam, wie die alten Träume unter den Verkrustungen der sogenannten Wirklichkeit eingeschlossen worden sind.

Wie gelingt dies nun alles? Es wäre ein Schlagwort, es einfach der Kraft der Imagination zuzuschreiben. Genauer betrachtet, ist es etwas Frisches, was sie bringt, etwas Junges, etwas Naives, Gutgläubiges, Grundehrliches. Sie spricht mit dieser Ehrlichkeit sehr oft auch die geheimen und ins Schattenreich verbannten Gefühle, Wünsche und Gedanken der Menschen um sie herum aus.

Ununterbrochen weist sie auf die Schönheit der Welt hin: „In einer so interessanten Welt kann man einfach nicht lange traurig bleiben". Es sind auch die vielen Geschichten, die sie erfindet, zu denen sie dann ihre Umgebung ermuntert. Alle wissen, dass es Geschichten sind, aber sie bewegen etwas, sie wecken die Kraft, sich vorzustellen, dass alles auch ganz anders sein könnte, ja dass alles anders werden kann.

„Es ist schön, wenn Träume plötzlich wahr werden, finden Sie nicht?" Es sind auch ihre Wortschöpfungen, wenn die z.B. Barry's Weiher unbedingt wegen seiner Schönheit umbenennen muss in „See der glitzernden Wasser" oder eine von Apfelbäumen gesäumte Straße „Weiße-Blütentraum-Allee". „...oft lachen die Leute mich aus, weil ich angeblich so große, geschwollene Worte benutze. Aber wenn man große Gedanken hat, muss man doch auch große Worte dafür haben!" (Zitate aus der ersten Kutschfahrt mit Matthew vom Bahnhof nach Hause) Es ist wie der Kampf der Lebendigkeit in Form des naiven, aber kraftvollen

göttlichen Kindes gegen die erstarrten Strukturen und die in Stein gemeißelten Prinzipien.

Die Handlung ist sehr facetten- und kurvenreich. Immer wieder türmen sich neue Probleme, neue Hürden auf, die es zu überwinden gilt. Auch politische Dimensionen spielen eine Rolle, wie z. B. das schwierige Verhältnis der weißen Siedler zu den im Reservat lebenden indianischen Stämmen und zu den ins Ghetto abgeschobenen Schwarzen. Auch tritt immer wieder die Grausamkeit einer christlich-missionarischen Haltung ins Rampenlicht, die sich schließlich auch durch einen schattenhaften kriminellen Akt selber entlarvt.

Ich scheue mich etwas davor, noch mehr Details zu schildern, weil das viel von der Überraschung nehmen würde, von dem Abenteuer, auf das man sich beim Anschauen einlassen muss. Was ganz herausragend ist, sind die schauspielerischen Leistungen aller seht gut ausgewählten Darsteller, wie die Veränderungsprozesse vor allem durch Mimik und Haltung sichtbar werden. Ebenfalls beeindruckend sind die bezaubernden Bilder der Landschaft von Prince Edwards Island.

Dieter Knoll
Dr. rer. soc., Dipl.-Psych, Analytischer Psychotherapeut in freier Praxis.

Schreiben Sie die Wahrheit, Herr Roth?

Ludger Verst sprach mit dem Schriftsteller Patrick Roth über Wahrheit, Bewusstseinsarbeit und die Psychologie C.G. Jungs

Patrick Roth lebt seit 2012 als Schriftsteller, Autor und Regisseur in Mannheim. Im August 2020 erscheint *Gottesquartett — Erzählungen eines Ausgewanderten* bei Herder.

Ludger Verst: Herr Roth, Sie haben viele Jahre als Filmemacher und Regisseur gearbeitet; Sie sind ein Filmbesessener, ein ästhetischer Perfektionist. Seit den 1990ern sind Sie einem breiten Publikum vor allem als Schriftsteller bekannt, auch als Poetikdozent, der sein künstlerisches Schaffen immer wieder reflektiert. Ist es überhaupt legitim, geschweige denn originell, einem Kunstschaffenden die Wahrheitsfrage zu stellen?

Patrick Roth: Die Wahrheit ist, dass wir dieses Interview aus verschiedenen Gründen zweimal verschieben mussten. Ich habe gerade das Manuskript meines neuen Buchs „Gottesquartett" beendet und bin ehrlich gesagt erschöpft; das ist die Wahrheit. Erschöpft, weil ich mein Ganzes gegeben habe. Meine Wahrheit also.

Ludger Verst: Eine interessante Eröffnung. Wer über das Thema „Wahrheit" sprechen will, sollte also im herkömmlichen Sinn schon mal offen und ehrlich sein. Wie verhält sich denn nun Ihre „persönliche" Wahrheit zur Wahrheit des „Künstlers" Patrick Roth?

Patrick Roth: Im Zusammenhang mit „Künstlern" und „Wahrheit" fällt mir ein: In „Gottesquartett" wird auch über eine Figur gesprochen, die – in meinen Augen – einen archetypischen Künstler darstellt; sie heißt Betsalel [Bezalel]. Das Buch Exodus stellt Betsalel als einen kunstbegabten Menschen

mit weisem Herzen vor (Ex 36,2). Er setzt die Anweisungen um, die Mose von Gott für das Innere und Äußere des Heiligtums erhalten hat. Betsalel „realisiert", er verwirklicht die von Gott vorgegebenen Bilder; er führt sie hier und jetzt aus. Dem entspräche – in heutige, psychologische Sprache übersetzt – ein genaues, gewissenhaftes Beachten der Träume, der Visionen, der Ideen oder Inspirationen, die einem Künstler einkommen (oder auch nicht; auch die Zeit der „Unfruchtbarkeit" hat ihre Bilder) und die nicht von ihm, nicht von seinem Ich „ausgedacht", sondern ihm vom numinosen Unbewussten „anvertraut" werden (Röm 3,2). Mit seiner Kunst, seinem ganzen Können sucht er diese Bilder umzusetzen, in einem „heiligen Werk" zu realisieren. Interessant ist, dass man dieses Bild von Betsalel, dem Künstler des Heiligtums, des Tabernakels, heute subjektstufig „lesen" kann: Betsalel wäre dann ein Aspekt unserer Psyche. Das „tsal" in seinem Namen ist hebräisch „Schatten", derselbe „Schatten", den Sie im „tselem" antreffen (Gen 1,27), dem „Schatten"-Bild, zu dem Gott sich den Menschen schuf. Der zu bauende Tabernakel Betsalels wird in gewisser Hinsicht immer gebaut, in jedem einzelnen von uns und nicht nur in den „Künstlern". Wir sind der Tabernakel – das Gefäß, das gebaut wird. Das geschieht aber, so meine ich, nicht um unseres, sondern, wie der 23. Psalm sagt, „um Seines Namens willen". Es ist dabei ganz wichtig, dass man in Betsalel nicht nur den äußeren Künstler sieht. Es geht nicht um die Umsetzung von Bildern in ein Ästhetisches. Sondern es geht um „religio", ein genaues Lesen und Beachten der uns täglich gegebenen inneren Bilder im Leben.

Ludger Verst: Dieser Betsalel ist also das Bild für eine Instanz im Menschen, die nach „Wahrheit" strebt?

Patrick Roth: Ja, so sehe ich es. Wir müssen natürlich fragen, was ein Traumbild oder eine wiederkehrende Phantasie bedeutet. Es könnte sein, dass wir den Traum, die Phantasie bereits leben, ohne es zu wissen. „Betsalel" wäre dabei die entscheidende Differenz, nicht in seinem Künstlertum, sondern durch die Tatsache, dass er bewusst handelt. Bewusstsein ist die Differenz. Das heißt dann auch, dass man nicht „Künstler" sein muss, um die „Betsalel-Funktion" in uns zu entdecken, zu fördern, zu erfüllen. Es geht nicht um Bekanntheit oder ein Zur-Schau-Stellen eines ästhetischen Produkts, sondern um den Bau jenes symbolischen Tabernakels in uns. Darauf – und nur darauf, meine ich – zielt die Wahrheitsfrage.

Ludger Verst: Ich höre da eine gewisse Nähe zu Joseph Beuys heraus: „Jeder Mensch ist ein Künstler" — im Sinne eines Bewusstseins für das Schöpferische, das im eigenen Denken gründet. Das Schöpferische ist das Künstlerische.

Patrick Roth: Beuys' Aussage zielt in eine andere Richtung. Es ist sehr wahrscheinlich, dass gerade die unzähligen „Anonymen", die sich nicht als „Künstler" bezeichnen würden, ihr Leben in dieser Hinsicht besser und aufrichtiger führen. Ich sage „wahrscheinlich", weil ich Träume erlebt habe, in denen mir klar wurde, dass die Psyche letztlich – das heißt „in Wahrheit" – nicht an deinem Buch oder deiner Malerei oder deiner Musik interessiert ist. Sondern einzig an der Wahrheit, an der Wahrhaftigkeit, mit der du zu deiner Seele sprichst. Wenn du dieser Wahrheit durch dein Buch, deinen Film oder deine Musik gerechter zu werden lernst, hat die Kunst dir verholfen, ein Wesentliches zu berühren. Jetzt erst kommt die eigentliche Arbeit, zu der Kunst die Anleitung gibt, nämlich: „Wie setzt du es um?" Wie setzt du das im Werk Erkannte um? Wie verwirklichst du es also in deinem Leben? Auch im Kleinen, im Kleinsten. Sie verlangt ja nicht das Größte, das Übermäßige, das dich sprengen oder spalten würde, sondern das Wahrhaftige an dir, diese Seele. Und ihre Forderung ist selbst in den kleinen Dingen des Alltags, den kleinen Momenten, die so schnell an uns vorüber sind, meist nur schwer zu verwirklichen …

Ludger Verst: … so wie auch die Pilatusfrage im Johannes-Evangelium „Was ist Wahrheit?" (Joh 18, 38) auffälligerweise unbeantwortet bleibt. Man könnte daraus den Schluss ziehen, dass diese Frage menschlicherseits unbeantwortbar ist. Wie deuten Sie diese Stelle eigentlich?

Patrick Roth: Sie zeigt, dass Pilatus Jesu Stimme gar nicht hört. Nicht hören kann. Er kann nicht sehen, wer vor ihm steht. Er greift einen Begriff auf, die „veritas", die Jesus eben nicht nur als Begriff benutzt, sondern „mit allem, was er hatte", lebte; er lebte diese „veritas" und insofern spricht sie aus ihm. Pilatus aber nimmt das Wort, den Begriff, und fragt: „Quid est veritas?" Er relativiert damit sofort die Verantwortlichkeit der eigenen Wahrheit gegenüber, die nämlich immer vor uns steht, die wir recht eigentlich immer vor Augen haben, aber nicht sehen können, nicht sehen wollen. Im Wort fassen wir sie nur scheinbar, wir „vertagen" sie ins Theoretische, als hätten wir damit etwas erreicht. — Wie oft geht es uns wie Pilatus: dass wir das Zeichen eben nicht erkennen, vor dem wir stehen. Dass wir, wie die Fliege auf den Buchstaben einer gedruckten Buchseite, nicht im Geringsten ahnen, „was uns vor Augen steht", worauf wir stehen. Davon sollte man ausgehen, sich nämlich nicht im Nachhinein über Pilatus erheben, nur weil wir „das Ende kennen", weil uns die Autoren der Evangelien wissen lassen, wer Jesus ist.

Ludger Verst: Mir fällt auf: Bei Ihrer schriftstellerischen Arbeit gehen Sie oft von der Etymologie bestimmter Wörter aus.

Patrick Roth: Ja, dieser Blickwinkel ist wirklich hilfreich. Gerade im Wahrheits-Begriff treffen zwei interessante Etymologien aufeinander: In der Vulgata wird mit „veritas" übersetzt, was im griechischen Original „alētheia" heißt. Ich glaube, beide Sprachen ergänzen das archetypische Bild von „Wahrheit". Man sollte die Differenzen vielleicht mitbeachten. In a-letheia beginnt gleichsam alles im Unbewussten, der „lēthē", der „Vergessenheit". Das Unbewusste muss gleichsam „beraubt" werden – das Alpha privativum zeigt es an. Und der „Raub", das dem Vergessen Geraubte, ist, was sich nun offenbart: die Wahrheit. Die Wahrheit, die nun eben nicht mehr im „Versteck" oder „Hinterhalt" des Unbewussten lauert. Man könnte sagen, dass durch das Alpha privativum in a-letheia eine hochdramatische Vorgeschichte impliziert wird: das Drama der Rettung der Wahrheit aus einem Zustand der Vergessenheit, dem Unbewussten, wie wir heute sagen würden. Auch wird in dieser Etymologie wohl davon ausgegangen, dass das, was vergessen war, einst gewusst wurde; Bewusstwerdung also wie bei Platon einem Erinnern gleichkäme, der Erinnerung an die „ewigen Ideen" etwa.

Ludger Verst: Und beim lateinischen Begriff „veritas" ist es anders?

Patrick Roth: Die „veritas" betont wie übrigens die deutsche „Wahrheit" eher einen Zustand, der bereits vorhanden ist und Schutz gibt, sich beständig und treu „bewahrheitet", daher „wahr" ist. „Was mich schützt, was mir günstig ist, was mich liebt, ist (daher) wahr". In „aletheia" wird eher der dynamische Aspekt betont: Wahrheit als Erfahrung des Menschen, der sich aus dem Dunkel des Unbewussten herausgearbeitet hat. Seine Erfahrung, seine Erinnerung wäre: dass sowohl die lethe als auch die aletheiawirk-lich sind. Beides sind Ebenen, die er erfahren hat.

Ludger Verst: Die poetische Wucht, mit der Sie von existenziellen Erfahrungen erzählen, begnügt sich — in Zeiten von „fake news" und so genannten „alternativen Fakten" — gerade nicht mit vordergründigen Wahrheiten. Ihre Erzählungen und Romane eröffnen eine weitere, eine zweite Dimension, die ungleich bedeutsamer ist.

Patrick Roth: Ja, sie suchen den Dialog mit dem objektiven Unbewussten. Also mit jener terra incognita, die – rein zeitlich betrachtet – ein Drittel unseres Lebens völlig einnimmt, auf die restlichen zwei Drittel aber, grob gesagt, ständig als gewaltiger Hintergrund einwirkt. Meine Bücher nehmen die Träume ernst, behandeln sie literarisch nicht als Kuriosa oder Unterhaltung, sondern als Antwort- oder Frage-Teile jenes zweiten, objektiven Partners, den du in deinem Inneren findest. Etwas spricht, etwas ordnet an, etwas fragt dich, stellt dir vor Augen. Das ist – genau betrachtet – im Minutentakt zu beobachten. Auch bei Tage. Dieses feine Netz des Unbewussten liegt unter allem. Aber wir ignorieren es.

Ludger Verst: Die „objektive Psyche", ein Terminus von C. G. Jung, wäre also, wenn man so will, der Quellort der inneren Wahrheit und der Träume des Einzelnen … — und so eben auch Ihrer Literatur?

Patrick Roth: Ich würde sagen, literarisch ist erst in unserer Zeit etwas möglich geworden, dem noch vor ein, zwei Generationen die wissenschaftliche Grundlage fehlte. Ohne das gigantische Erfahrungswissen von Freud einerseits, dann aber – ungleich tiefer reichend – von Jung, Edinger, von Franz und Neumann befänden wir uns im Blick auf unsere Träume und den nun möglichen Umgang der Literatur mit ihnen noch tief in der Romantik. Das ist, rein ästhetisch, sicher ein herrliches Gefilde – aber die Zeiten haben sich geändert. Um es mit Roy Scheider in Spielbergs *Der weiße Hai* zu sagen: „We need a bigger boat." Der Gegenstand – der „Fisch", dem wir nachjagen, den wir in unser „Boot", das heißt ins „Gefäß unseres Bewusstseins" ziehen wollen, hat sich verändert. Wir wissen heute einfach mehr. Und damit kommt eine gewisse Verantwortung ins Spiel. Das sollte auch für die Literatur, für die Kunst Konsequenzen haben. Sonst zerreißt der Inhalt, den wir mit den Mitteln der Kunst zu beschreiben und dem Bewusstsein näher zu rücken suchen, unser „Boot". Das ist eine Tatsache, die Sie überall beobachten können, innen und außen, diese Zerrissenheit. Wir haben das neue Gefäß noch nicht, wir sind im Übergang. Wenn aber das Boot, das nicht mehr genügt, untergeht, wenn es sinkt, bevor das neue, größere in Sicht ist, dann droht, psychologisch gesehen, ein Untergang des Bewusstseins. Hier beginnen die Herrschaft und die Tyrannei unbewusster Affekte, die uns dann im Griff haben

und viral mitreißen, uns eruptiv und unberechenbar mit ihrem Magma – oder „MAGA" [„Make America Great Again", Red.] – überfluten.

Ludger Verst: Das Unbewusste, vor allem die Träume sind – neben biblischen Stoffen – eine zentrale Inspirationsquelle für Ihr Erzählen. In *Sunrise. Das Buch Joseph* (2012) zum Beispiel erzählen Sie die Geschichte von Joseph von Nazareth, dem Vater Jesu, der in der Bibel ja weitgehend ausgeblendet wird. Indem Sie nun gerade diese biblische Leerstelle erzählerisch füllen, verweisen Sie auf das Verhältnis zwischen dem Menschen und dem letzthin nicht Berechenbaren, dem Numinosen seines Lebens. Lässt sich Wahrheit immer nur annäherungsweise — zwischen den Zeilen — imaginativ erkennen?

Patrick Roth: Lassen Sie mich hier mit einem praktischen Beispiel antworten. Sonst bleibt, was ich mit „Wahrheit" meine, zu sehr im Vagen. Man hält sich der Wahrheit gegenüber für besonders sensibel, wenn man sie „zwischen den Zeilen" zu lesen sucht, erahnt oder sie nur „annähernd" zu verstehen wagt. Praktisch sollte man aber meiner Meinung nach anders vorgehen. Die „Wahrheit" – ich rede natürlich von der Wahrheit des Einzelnen, der ihr gegenübersteht, ob er es weiß oder nicht –, diese Wahrheit erschließt sich praktisch im „besten Experiment". Damit meine ich: Stelle dein bestes Experiment an – mit dir selbst. Prüfe dich selbst. Das hieße z.B., dass du einen Traum, der dir kam, aufschreibst und dann deine beste Deutung gibst. Die schreibst du auch nieder. Diese Deutung des Traums muss – denn darin besteht, Sie werden es gleich sehen, das eigentliche Experiment –, MUSS in einem Satz enden, der sagt: „Daher sollte ich in meiner Alltagssituation nun so oder so handeln." Und dann handeln Sie so. Sie haben einen vielleicht vorsichtigen, vielleicht übereifrigen, vielleicht falschen, vielleicht aber auch richtigen Schluss aus dem Traum gezogen, ihn formuliert und dem Ich gleichsam zur Ausführung übergeben. Machen Sie das mal. Sie werden sehen, wie das Unbewusste reagiert. Es hat nun nämlich – wie ein Dialogpartner – die Möglichkeit, ihre Vermutungen, was das Experiment angeht, was die Deutung des Traums betrifft, zu korrigieren. Und in den meisten Fällen wird es das tun. Aber sie müssen mit der „Wahrheit" – der Aussage des Unbewussten, die sie „an Land gezogen" haben – ihr Experiment machen. Sie dürfen sie eben nicht im Vagen lassen, eben nicht mit Glacéhandschuhen anfassen. Sondern Sie müssen ihren Schluss aus der Auseinandersetzung mit dem Traum ziehen und mit diesem Schluss, indem Sie ihn aktiv wenigstens ein, zwei Tage lang LEBEN, ihr Experiment machen. Das Unbewusste wird sich Ihnen als Partner in diesem Experiment zugesellen – über Träume und Einfälle. Es wird dabei nicht ausschließlich auf seinem Traum-Vorschlag und dessen Bedeutung insistieren, sondern wird zu Kompromissen bereit sein. Das sagt die Erfahrung. Aber Sie müssen es ernst nehmen, das Unbewusste, den Traum. So kommen Sie zu ihrer persönlichen Wahrheit.

Ludger Verst: Man könnte sagen: „Dann fällt der Groschen."

Patrick Roth: Genau. Diese Wahrheit wäre so etwas wie ein „Sinn". Mithin wird dieser „Sinn" nicht wie ein objektiv „Vergrabenes" gefunden, von Ihnen zu Tage befördert. Sondern dieser Sinn wird im Dialog zwischen dem Ich und dem Unbewussten erst erschaffen. Das ist das Ungeheuerliche, ein Mysterium. Deus et homo: Hier beweist sich das Motto auch praktisch. Gott bedarf unseres ganzen Einsatzes, unserer bewussten Mit-Arbeit an dem, was ich als „Wahrheit" bezeichnen würde, dem Sinn, den wir im Leben suchen.

Ludger Verst: Die Cover-Rückseite von *Corpus Christi* (1996), dem dritten Teil Ihrer *Christus-Trilogie*, ziert ein Satz aus den „Stimmen der Zeit": „Die ungeheuerste Auferstehungsge-

schichte, die jemals in deutscher Sprache geschrieben wurde", heißt es dort. Ich habe den Eindruck, dass Sie im Grunde und immer wieder neu Wandlungs- und Auferstehungsgeschichten inszenieren.

Patrick Roth: Im Bild der Auferstehung ist ja diese Umschaffung impliziert, die Neuschaffung des Bewusstseins, von der schon die Rede war. Dieses neue Bewusstsein ist zunächst nur schwer zu erkennen. Man hat Probleme damit. Wie es die Geschichten um die Auferstehung Jesu ja schildern: Magdalena am Grab, der Weg nach Emmaus, der Mann am Ufer des Sees. Das neue Bewusstsein braucht Zeit – es wird zunächst, selbst von denen, die es suchen, als etwas Fremdes wahrgenommen. Denn das Neue setzt hier den Verlust und den Tod des Alten voraus. Und die Trauer lässt uns zu Recht noch nicht sehen, noch nicht erkennen. Denn in ihr, in der Trauer über Tod und Verlust, befinden sich auch die Elemente, die für den Bau der Brücke notwendig sind. Es muss eine Verbindung zum Alten bleiben, um den Weg ins Neue zu finden. Es geht nicht um Abriss, um Verleugnung des Alten, sondern um neues Wachsen auf seinem Grund.

Ludger Verst: Die mich am meisten faszinierende Auferstehungsgeschichte ist *Magdalena am Grab* (2003), der Sie ein Zitat von Jung voranstellen: „Die entscheidende Frage für den Menschen ist: Bist du auf Unendliches bezogen oder nicht? Das ist das Kriterium des Lebens." Diese Vergegenwärtigung zweier Wirklichkeitsebenen — man spürt hinter der realen Szene fast körperlich die einer anderen Wirklichkeit: Gott und Individuum, beide sind aufeinander bezogen. Magdalena wird selbst zu einer Auferstandenen „in diesem ihrem Moment der Bewusstwerdung", schreiben Sie. Wie gelangen Sie zu solchen Einfällen? Durch Ihre Träume? Oder durch „Aktive Imagination", wie Jung es nennen würde?

Patrick Roth: Der Einfall kam aus der Arbeit mit Schauspielern in einer scene study class, die der Filmregisseur Daniel Mann Mitte der 1980er in Hollywood gab. Ich schrieb viele dieser „scenes" selbst und probte dann jeweils zwei Wochen intensiv mit zwei, manchmal drei Schauspielern. Manche Regisseure geben ihren Schauspielern nur verbale Anweisungen, andere machen's vor, um den kommunikativen Prozess abzukürzen. Sie sagen „Here's what I mean…" – und stellen sich dann selbst in die Szene hinein, spielen kurzzeitig den Part, wie sie ihn sich gedacht hatten. Dieses Hinübergehen, die Grenze-Überschreiten – nämlich vom Betrachter zum Agierenden zu werden –, muss mir wohl aufgefallen sein. Und dann habe ich die Szene im Felsengrab „gestellt", Magdalenas Dialog mit den Engeln und dem Gärtner. Was sich dabei ergab, war – ich weiß noch, wie begeistert ich war von diesem offenbarenden Moment – … war eben die Entdeckung, dass die Wendungen der Magdalena in dieser Szene (Joh 20, 11-18) nur aufgehen, wenn sie – einmal – an Jesus, der im Eingang des Grabs steht und den sie bisher für den Gärtner gehalten hat, vorbeigeht. Die Symbolik dieses Vorbeigehens – der Eingang zum Felsengrab ist nicht breit, sie müsste „ganz nah" vorbeibegangen sein an Jesus – und dieses Sich-Wenden auf seinen Ruf hin: Maria!, das waren eindringlichste Erfahrungen für mich. Ich erfuhr sie eben auch räumlich-körperlich, im Nachstellen, nicht nur gedanklich, im Kopf.

Ludger Verst: Wenn ich Ihnen so zuhöre, denke ich, es wäre manchmal besser, alles Systemhafte von Religion und Konfession, d.h. deren dogmatische Antiquariate, aus dem Verkehr zu ziehen und sich stattdessen darauf zu verständigen, dass der Weg jeder Religion der Mensch ist, der Mensch, der offen ist für solche Begegnungen. Dass also ganz offen davon zu erzählen wäre, wie das Wundersame ins Alltägliche einbrechen kann — in einer Art Augen öffnender Poesie – in der Kunst, der Musik, der Liturgie.

Patrick Roth: Sicherlich. Nur würde ich – gerade zu diesem Zweck – dafür plädieren, das Dogma nicht aus dem Verkehr zu ziehen, wie Sie sagen. Nur weil wir es nicht mehr verstehen. Im Dogma liegen unsere über die Jahrhunderte hin bis ins Feinste differenzierten Vorstellungen vom Heiligsten und dem Umgang mit ihm. Das Dogma stellt einen ungeheuren Schatz dar, der uns verloren geht. Wir müssten stattdessen suchen, es wieder zu verstehen. Und da gebe ich Ihnen Recht: Wir müssten den dramatischen Kern des Dogmas wieder freilegen: das Existenzielle und die Begegnungsqualitäten, die hinter ihm und in ihm wirken – eben auch als psychologische Wahrheit.

Ludger Verst: Herr Roth, ich danke Ihnen für das Gespräch.

Mit freundlicher Abdruckerlaubnis aus: RU heute 01/2020, S. 25-29 (https://bistum-mainz.de/export/sites/bistum/schule/.galleries/downloads/RU-heute-01-20.pdf)

Ludger Verst
Vorsitzender der C. G. Jung-Gesellschaft Frankfurt am Main, Lehrbeauftragter im Institut für Pastoralpsychologie und Spiritualität der PTH Sankt Georgen, Schul- und Krisenseelsorger sowie Berater und Supervisor an Schulen im Bistum Mainz, Personzentrierter Berater (GwG/DGfB) in eigener Praxis

Carl-Gustav-Jung-Gesellschaft Sachsen e.V. gegründet

Unsere Gesellschaft wurde am 1. Oktober 2019 im Lingnerschloss in Dresden gegründet. Dieser Tag mit seinem ebenso festlichen wie ernsthaften Rahmen und dem Ausklang bei einem Glas Sekt oder Saft über den Dächern Dresdens wird uns allen wohl in Erinnerung bleiben. Wir wurden unterstützt durch Gäste, welche die verschiedensten jungianischen Traditionen in Deutschland und der Schweiz vertraten und in der jungianischen Gemeinschaft leitend tätig waren und sind.

Für die Gäste stellvertretend sei Herr Michael Lindner genannt, welcher zu uns zum Thema „Der Geist von Jung in unserer Zeit" sprach. Verlesen konnten wir bewegende Grußworte von Andreas Jung, einem Enkel von C. G. Jung sowie von Andreas Schweizer, dem derzeitigen Präsidenten des Psychologischen Clubs Zürich. –

Wir können allen, die uns mit Rat und Tat unterstützten, nur von Herzen danken.

Wie es in der Tradition der JUNG-Gesellschaften üblich ist, sind in der Mitgliedschaft wie im Vorstand Menschen verschiedenster Berufsgruppen vertreten. Zugleich verstehen wir uns als Bestandteil in der so reichen sächsischen Psychotherapie-Tradition. Gründungsmitglieder unserer Gesellschaft sind in den drei großen sächsischen tiefenpsychologischen Ausbildungsinstituten vertreten.

Unsere Vereinsarbeit hatte – mit monatlichen Versammlungen sowie teilweise ZOOM-Unterstützung – zwei Achsen: Zum einen die äußere, nämlich das Vorbereiten unseres Ersten Sächsischen C.G.-Jung-Symposiums, über welches nachstehend berichtet wird und das Vorbereiten einer Sandspiel-Ausbildung in Sachsen.

Die zweite Achse war eine mehr innerliche: Wir wagten es, uns monatlich einem bestimmten, selbst gewählten Thema von der darin enthaltenen Symbolik her anzunähern. Das Mitglied, welches das Thema, also sein Thema, einbrachte, hielt hierzu jeweils ein kurzes Impulsreferat. – Die behandelten Gegenstände können auf unserer Webseite eingesehen werden. Diese beiden Seiten unserer Arbeit ergänzten sich; wir wuchsen so als Gesellschaft schon ein wenig zusammen.

Wir freuen uns auf eine Zusammenarbeit mit allen anderen C.G.-Jung-Gesellschaften.

Bitte besuchen Sie uns auf unserer Webseite: cgjung-sachsen.de.

Im Namen aller Mitglieder
Christian Kessner, 1.Vorsitzender
Arndt Sterba, 2.Vorsitzender

Bericht vom Ersten Sächsischen C.G.-JUNG-Symposium

Unter dem Thema „Bilder der Seele in Zeiten des Wandels" trafen wir uns am 18./19.09.2020 im weiträumigen Gartensaal des Lingnerschlosses Dresden. Als Auftakt hörten wir berührende Grußworte von Herrn Dr. Tögel und Herrn Dr. Böttcher, Dresden. Dann folgte der Eröffnungsvortrag: Frau Prof. Dr. Dr. Ingrid Riedel, Konstanz. Unter dem Thema *Einander Körner reichen* brachte sie uns Motive aus einigen - von ihr seit Jahren gesammelten - Träumen zum Zeitgeschehen nahe. Der Abend klang aus mit einem Sektempfang auf der Dachterrasse. Am Sonnabend hörten wir Vorträge von Ursula Stüssi, Zürich, zu Motiven aus dem Märchen *Rumpelstilzchen* und Dr. Jörg Rasche, Berlin, zu *Bildern im Sand –spielend gestaltet*. Gespräche im Plenum und in Kleingruppen schlossen sich an.

In den Pausen hatten wir jeweils für einen Imbiss gesorgt, welcher ebenso gut angenommen wurde wie der Büchertisch, den Herr Schwarz vom FUNDUS-Antiquariat Berlin vorbereitet hatte. Lautenmusik rahmte die Vorträge ein und half uns, der eigenen seelischen Antwort Raum zu lassen, Antworten auf eine Zeit voller Bedrohungen, für welche die absterbenden Bäume im Park der Tagungsstätte und der Niedrigwasserstand der Elbe genannt seien … „Auf den Einzelnen kommt es an", dieses berühmte Zitat von C. G. Jung tauchte in der Abschlussdiskussion auf. Das herzerfrischende Spiel eines Teilnehmers auf dem E-Piano setzte einen frohen Endpunkt.

Das Erlebte reflektierend und zugleich nach vorne schauend trafen sich Mitglieder und Referenten nach dem Symposium im Turmzimmer der Dachterrasse zum Abendbuffet. Mit guten Gesprächen und im Gefühl herzlicher Verbundenheit gingen wir auseinander, auch in der Hoffnung auf ein

Wiedersehen – DEO CONCEDENTE.

Günter Baumann
**Individuation – Wege zum Selbst
Hermann Hesses Erzählungen im
Lichte der Psychologie C. G. Jungs**

Stuttgart: opus magnum, 2020, 312 S.,
ISBN 978-3-95612-031-2, € 19,90

Die vorliegende Arbeit stellt sich die Aufgabe, eine Reihe wichtiger Erzählungen Hermann Hesses seit dem „Demian" (1919) einer systematischen Analyse durch die Psychologie C.G. Jungs zu unterziehen.

Sie verfolgt dabei ein dreifaches Erkenntnisziel: Sie will den Einfluss der Analytischen Psychologie auf das dichterische Werk von Hermann Hesses mittlerer und später Schaffensperiode genauer abklären.

Sie will diese Erzählungen mittels der von Jung entworfenen Archetypentheorie analysieren und interpretieren.

Sie will den inhaltlichen Wandel der nämlichen archetypischen Grundstrukturen durch die einzelnen Werke hindurch verfolgen und aufzeigen, dass damit eine bestimmte Veränderung in den psychologischen, anthropologischen und ethischen Aussagen der Dichtungen einhergeht, die für das Verständnis von Hesses oeuvre von zentraler Bedeutung ist.

Aus dem Inhalt

Verlagsankündigung

Günter Baumann
**Der archetypische Heilsweg
Hermann Hesse, C. G. Jung und die Weltreligionen**

Stuttgart: opus magnum, 2020, 124 S.,
ISBN 978-3-95612-033-6, € 9,90

Zu den zentralen Elementen von Hermann Hesses Weltanschauung gehört, dass es unbeschadet aller Verschiedenheiten in den Weltreligionen und Weisheitslehren ein gemeinsames Bild vom Menschen und seinen höchsten Entwicklungsmöglichkeiten gibt.

Diese grundlegende Gemeinsamkeit bezieht sich nach Hesse nicht nur auf den Weg zum Heil, sondern auch auf das Heilziel, das alle Weltreligionen vorgeben.

Aus dieser Überzeugung, die er als seinen „Glauben" bezeichnete, hat der Dichter gelebt und seine Schriften gestaltet.

Der vorliegende Band versucht ein doppeltes: Er möchte zunächst zeigen, dass Hesse unter dem maßgeblichen Einfluss der Psychologie C. G. Jungs zu diesem „Glauben" gefunden hat; dann soll er vermitteln, dass sich mit den Mitteln eben dieser Psychologie bei Religionsstiftern, Heiligen und Kirchenvätern Erlebnisse aufweisen lassen, die Hesses Vorstellungen eine gewisse Wahrscheinlichkeit verleihen.

Aus dem Inhalt

Verlagsankündigung

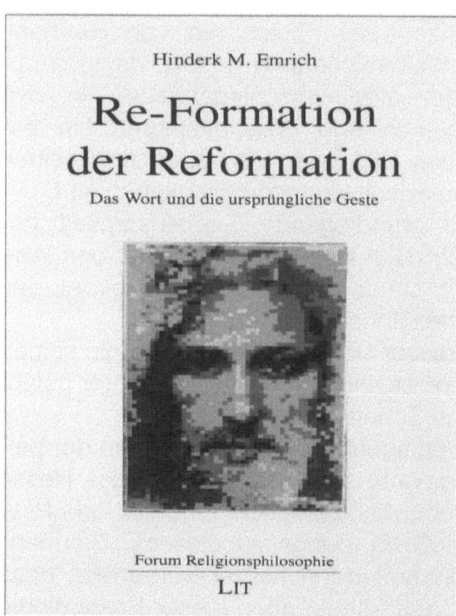

Hinderk Emrich
Re-Formation der Reformation

LIT Verlag Berlin, 2020, 128 S.
ISBN: 978-3-643-14072-2, CHF: 39,90

Dieses posthum herausgegebene Büchlein ist für mich eine schöne und anregende Erinnerung an Hinderk Emrich, dem ich mich als wissenschaftlichem Freund sehr verbunden fühlte. Hinderk Emrich war Psychiater, Philosoph und stand als jungscher Psychoanalytiker der Analytischen Psychologie nahe.

Das Buch ist eine Zusammenstellung von Vorträgen, Predigten im studentischen Kontext (die er manchmal mutig mit der christlichen Formulierung „Amen" beendet), Interviews und Texten.

Sie umkreisen existentielle Themen wie die menschliche Angst, Religiosität, den Glauben und das In-Beziehung treten zum Göttlichen.

Mit seinem offenen und undogmatischen Geist wendet er sich dem Prozesshaften allen Geschehens zu, und damit auch der Psyche. Individuation und Selbstwerdung dürfe nicht nur von den „Strukturen" verstanden werden, sondern das menschliche Dasein kann nur von einem „dynamischen Begriff der Psyche" verstanden werden.

Dieser Gedanke der gegenseitigen Bezogenheit taucht immer wieder auf, etwa wenn er sich, auf Martin Buber beziehend, für eine direkte Auseinandersetzung mit dem persönlichen Gott ausspricht.

Diese direkte Gottesbezogenheit erstaunte mich in Zeiten, in denen wir uns im Sinne einer Spiritualität doch eher darum bemühen, den von der christlichen Religion externalisierten Gott in uns selbst zu sehen und zu finden. Aber Emrich nimmt den Begriff der Person und der persönlichen Begegnung so ernst, dass wir uns im Anderen erst wirklich finden und unser Ich und Selbst dadurch, sozusagen in einem zirkulären, resonanten Prozess sich konstituiert.

In dem Kapitel „Der gedachte Gott" schreibt er, unser Selbst entstehe, wenn wir den Anforderungs- und Aufforderungscharakter des Göttlichen erfahren. „Der Mensch kann Gott nur dann denken, wenn er ihn glaubend denkt. [...] Der „gedachte Gott", wenn er denn mehr ist als ein reiner Gedanke, bedeutet das Hindurchleuchten des Anderen und ist damit „Person".

Allem diesem vorgängig, d.h. vorausgehend ist das Phänomen der Liebe. Emrich bezieht sich auf den 1. Korintherbrief des Paulus, in dem es immer wieder heißt wie hinfällig alles wäre, wenn wir der Liebe nicht hätten. „Das Phänomen der Liebe ist ein Erschließendes und nicht ein Erschlossenes." Emrich betont wieder den Prozess des Werdens im Verhältnis zur scheinbaren Gewissheit des bereits Erschlossenen. „Es hat dieselbe Struktur des Horizonthaften in dem Sinne, dass es selbst nie vollständig bestimmt werden kann, aber alles Bestimmbare quasi umfasst, einschließt." Um die Bedeutung der Liebe und den Menschen als personales Wesen hervorzuheben erwähnt Emrich seinen ersten philosophischen Lehrer Reinhard Lauth, der von der „liebenden Interpersonalphilosophie" sprach.

Immer wieder scheint das Unsagbare auf, das nicht genau Definierte, die Nicht-Bestimmbarkeit. Er nennt es das „Horizonthafte". Er nimmt damit auch Bezug auf die Implikationen der Quantenphysik: Das Wesen der Dinge und der Welt geht nicht in der reinen Beschreibung und auch nicht in der mathematischen Erfassung auf. Es geht um das Mehr, um das Unsagbare, das Unerschlossene, das Ungewusste, das Außerrationale, um das Surplus im Sinne Robert Spaemanns, einem weiteren philosophischen Lehrer Emrichs. Es geht um den sich eröffnenden transzendenten Möglichkeitsraum. „Alles was ist, könnte auch anders sein: woanders sein, wann anders sein, wie anders sein: eine Welt als Möglichkeitsraum, eine Welt der Konjunktive." Implizit bezieht Emrich sich auch auf den Wiener Quantenphysiker Anton Zeilinger, der – Wittgenstein erweiternd – sagte: „Die Welt ist, was der Fall ist. Und was der Fall sein könnte."

In einer persönliche Mitteilung schrieb Hinderk Emrich an den Verfasser dieser Rezension über die „Ahnung" im Zusammenhang mit dem Möglichkeitsraum: „Das Besondere an der Ahnung ist ja, daß sie begriffsfrei ist. Sie läßt sich nicht wirklich festlegen, ist eine Art „Wink von einem anderen Kosmos her", ist wie eine ferne Botschaft aus einem noch fremden Denken oder Wissen.

Wenn ich nun meine Situation als wahrscheinlich Sterbenskranker betrachte, dann nützen mir alle die schönen Begriffe über die Metaphysik so gut wie nichts. Aber Ahnung könnte weiter helfen. Im Moment der Nähe zum Loslassen von der empirischen Welt stellt sich die Frage: Was gibt es denn? Was gibt es denn EIGENTLICH? Begriffe helfen hier nicht weiter. Ich denke, es gibt so etwas wie ein „Gefühl des DASEINS"; es ist ein Spüren: mich gibt es wirklich: meine Seele existiert, mein Geist existiert, ich bin keine Maschine, kein Roboter, kein Avatar. Und: ES GIBT FREUDE, ES GIBT SCHÖNHEIT! Das ist kein Wissen aber eine Ahnung, die wohl nicht trügt. Viel mehr wissen wir nicht über uns und über die Welt und über die himmlischen Mächte."

Spannende Aspekte finden sich in dem Buch auch in dem Kapitel „Hysterie als Lebensform". Dies ist besonders wichtig in unserem medienbestimmten, postmodernen Zeitalter, in welchem akzentuierte Haltungen und Meinungen massenhafte Verbreitung finden. Denken wir nur an Coronaleugner und Verschwörungsgläubige. Emrich zeigt auf, dass der Modus der Hysterie nicht nur im Dramatisierenden, in der Hyperemotionalität, und der Suggestibilität aufgeht. Sondern, „dass unsere seelische Wirklichkeit – und damit unsere Medienwirklichkeit – sehr viel mit schizoider Vereinzeltheit zu tun hat."

Das vereinzelte Ich findet sich nicht im Du wieder. Das Ich scheitert daran, sich im wirklichen Du zu finden. Es scheitert damit an der Welt und schafft sich in einer Art „Wirklichkeitsverdopplung", eine parallele Welt auf eigener Bühne.

Es wird ein zweites Selbst erschaffen, eine „Pseudo-Dyade", die für die Psyche durchaus eine regulierende Funktion übernimmt. Aber der Preis ist hoch: Wir befinden uns in einer „künstlichen Dissoziation von uns selbst" mit dem damit einhergehenden Wirklichkeitsverlust. Emrich nennt dies das „Isolationsparadox." Das selbstinszenierte Du ist ist kein wirkliches Du, sondern es ist die Sackgasse des Ich. Hysterie als Lebensform, wie Emrich sie versteht, ist gesellschaftlich gesehen ein „kollektives Vermeidungsprojekt, ein Vermeidungsvorgang von unmittelbarer Begegnung und damit Freundschaft."

In dem kleinen Büchlein finden sich noch eine ganze Fülle von Anregungen, sich mit existentiellen Fragen auseinander zu setzen und sich von dem wachen Geist Hinderk Emrichs inspirieren zu lassen. Ein lesens- und lohnenswertes Buch. Und es ist vielleicht ein „Wink von einem anderen Kosmos her".

Bernd Leibig, Ammerbuch

Ursula Hohler
Nachrichten von der Tag- und Nachtbaustelle
Rückblick auf eine Leben mit den Träumen

Stuttgart: opus magnum, 2020, 424 S.
ISBN-13 : 978-3956120282, , 19,00 €

Die Autorin berichtet in diesem Buch in Form eines Tagebuches über 45 Jahre ihres Lebens, insbesondere auch über ihre Zeit am Jung-Institut Zürich und ihre internationale Reisetätigkeit als Referentin und Kursleiterin in Prozessarbeit nach Arnold Mindell. In einem Gedicht fasst sie zusammen:
Unterwegs zwischen Tag und Traum / Frau, Gefährtin, Mutter / Immer irgendwohin unterwegs / in Haus und Garten / in Schule und Fernsehen
Entdeckung des Jung-Instituts in Zürich / Mit Vorlesungen als Seelenfutter / Lehranalyse bei Arnold Mindell und zweites Studium / Unterwegs zum neuen Beruf
Schweizerin, Weltbürgerin / Unterwegs in der Praxis, in vielen Projekten / Über Gelingendes froh / Bewegt und erschüttert vom Leid in der Welt
Mit einem Strauß von Diplomen und Weiterbildungen / Unterwegs als Lehrling / Des Lebens, der Liebe

Verlagsankündigung

Hans Hopf
Abgründe: Spektakuläre Fälle aus dem Leben eines Psychotherapeuten

Stuttgart: Klett Cotta, 176 S.
ISBN-13 : 978-3608983333, 17,00 €

Dr. Hans Hopf, erfahrener Kinder- und Jugendlichenpsychotherapeut, hat mit seinem neuen Buch Einblick in seine jahrzehntelange Berufserfahrung gegeben. Sein Buch „Abgründe"zeigt sehr eindrücklich die Komplexität der therapeutischen Arbeit mit Kindern, Jugendlichen und jungen Erwachsenen.

Am Anfang war ich so fasziniert von den zum Teil dramatischen Fallgeschichten, dass ich das Buch kaum auf die Seite legen konnte. Ein Krimi konnte nicht spannender sein!

In einem zweiten Anlauf war ich über die geschilderten Schicksale, die oft mit viel Leid und Schmerz verbunden sind, tief erschüttert. Mir wurde bei der Lektüre bewusst, wie dankbar wir sein müssen, wenn uns eine so weitgehende Tragik, wie sie manches Leben prägt, erspart wird. So entwickelte sich beim weiteren Lesen die Bereitschaft, die beschriebenen Konfliktsituationen mitfühlend zu begleiten. Nicht selten ertappte ich mich dabei, mit Erleichterung festzustellen, vor ähnlichen Schwierigkeiten in der eigenen Praxis verschont worden zu sein.

Die beschriebenen Lebensschicksale berühren das ganze Spektrum unserer therapeutischen Arbeit. Die Symptomatik der geschilderten Kinder und Jugendlichen umfasst Ängste ebenso wie Aggressionen, Sprachlosigkeit im Sinn des elektiven Mutismus auf der einen, dominant anmutendes Gerede auf der anderen Seite, das einen kaum zu Wort kommen lässt und mehr verbirgt als aufdeckt. Das Buch erlaubt einen tiefer Blick in die seelischen Abgründe nicht nur des Patienten, sondern auch in das dazu gehörendende Umfeld. Die ganze Familie ist häufig in das Fehlverhalten eines Heranwachsenden verstrickt, was, um eine Fallgeschichte heraus zu greifen, besonders im Krankheitsbild der Magersucht überzeugend dargestellt wird.

Hans Hopf zeigt in einer Bandbreite die von eingeschränkter Lebensfreude bis zur Todesgefährdung reicht, wie passives Erleiden ungelöster Konfliktsituationen die psychische Belastbarkeit überfordert und zu seelischer Erkrankung führt. Den Konflikt zwischen Abhängigkeitswünschen und notwendigen Autonomiebestrebungen schuldfrei zu unterstützen, wird als zentrales Moment einer gelingenden analytischen Therapie geschildert. Eine geringe Frustrationstoleranz, depressiver Rückzug aber auch sogenannte Hyperaktivität erschweren diesen Prozess.

Das wird besonders in den dramatischen Schilderungen von Patienten sichtbar, die stationär in einem psychotherapeutischen Kinderheim behandelt wurden. Im Bemühen, die Balance zwischen Nähe und Distanz zu finden, bezogen zu sein, ohne den Respekt vor dem Gegenüber zu verlieren wird der Autor auch als Mensch sichtbar. Die Komplexität als Leiter eines therapeutischen Kinderheimes und als behandelnder Therapeut war sicher eine Erfahrung, die immer wieder an die eigenen Grenzen stoßen ließ. Das wird besonders deutlich in der sonntäglichen (!) Arbeit mit den Eltern im Sinne einer begleitenden Psychotherapie.

Die Arbeit mit den Eltern, ob im stationären Setting oder in der ambulanten Psychotherapie, ist grundsätzlich ein wichtiger Bestandteil jeglicher Kinderpsychotherapie. Aber nicht immer sind Eltern in der Lage kooperative Partner zu sein. Eindrückliche Beispiele zeigen, wie vielschichtig die Reaktionen des familiären Umfeldes sein können. Nicht selten gerät der Therapeut in den Strudel der Aggression. Hier spielen auch die Prägungen von Familien mit Migrationshintergrund eine Rolle. Das Ziel der Entwicklung einer autonomen Persönlichkeit, die bereit ist für das eigene Sein und Tun Verantwortung zu übernehmen, deckt sich nicht immer mit den Vorstellungen und Glaubenssätzen anderer Kulturen.

Beeindruckend in diesem Buch ist darüber hinaus, dass Hans Hopf wie selbstverständlich auch die Abgründe der eigenen Seele offenbart. Er schildert sich in seinen Gefühlen, nicht als der souveräne Therapeut, der in allen Lebenslagen die optimale Lösungen weiß, sondern als Mensch mit allen Schwächen und Unsicherheiten, selbst dann, wenn ihm idealisierende Projektionen entgegen kommen. Die Gegenübertragung deckt häufig schonungslos die abgewehrten Emotionen des Patienten und seiner Familie ebenso auf, als auch die persönlichen Untiefen. Affekte, Hilflosigkeit, Verunsicherung und Zweifel, aber auch existentielle Ängste, die sich gerade bei Suizid gefährdeten Patienten einstellen, machen eine Gratwanderung sichtbar, die immer auch eine ernst zu nehmende Gefährdung für den Therapeuten darstellt.

Es bleibt eine Ermessensfrage, so die wiederholten reflektierenden Äußerungen des Autors, inwieweit man den Abstinenzregeln entsprechen kann. Nicht selten, so schildert es der erfahrene Analytiker, kommen wir in Situationen, die ein aktives Reagieren erzwingen. Es tut gut, zu lesen, dass Abstinenzregeln zwar wichtig sind, jedoch die Beziehung im Einzelfall immer Vorrang hat.

Sehr hilfreich sind die eingestreuten theoretischen Überlegungen und Hinweise zur Psychodynamik der seelischen Erkrankung. So ist das Buch eine gewinnbringende Lektüre, nicht nur um die Vielschichtigkeit der analytischen Arbeit mit Kindern, Jugendlichen und jungen Erwachsenen auszuloten, sondern auch um die Hintergründe der dargelegten Problematik besser verstehen zu können.

Man möchte dieses Buch allen praktizierenden Kolleginnen und Kollegen am liebsten als Pflichtlektüre verordnen, um sich neben allem Reichtum, der uns in gelingenden Behandlungen geschenkt wird, auch der Abgründigkeit menschlichen Seins bewusst zu sein.

Wir stehen, so sagte mir einst ein erfahrener Kollege, immer mit einem Bein im Gefängnis oder, so ergänzte ich, in Situationen realer Gefährdung. Auch das unterstreicht Hans Hopf in einer tief berührenden Fallvignette.

Trotzdem bleibt das Fazit, das wir in einem Beruf arbeiten, der denen die uns anvertraut sind, aber auch uns selbst immer neu Impulse zu Entwicklung und Reife gibt.

Neben der Aufforderung im Tempel von Delphi, sich selbst zu erkennen, ermutigt das Buch von Hans Hopf dazu, die Aufforderung Pindars ernst zu nehmen, wenn er sagt: „Werde der du bist.„

Dieses Credo begleitet unausgesprochen das ganze Buch und macht es zu einer bereichernden und gleichzeitig nachdenklich stimmenden Lektüre auch für interessierte Laien.

Christiane Lutz, Stuttgart

C. G. Jung
Bilder des Unbewussten
Gestaltungen, Zeichnungen und Skulpturen

Patmos, Ostfildern, 2020, 272 S., 280 Abb.
ISBN 978-3-8436-1226-5, 58,00 €

Das Rote Buch mit seinen spektakulären Bildern hat bei vielen Menschen ein großes Interesse an C. G. Jung geweckt – nicht an Jung, dem großen Arzt und Tiefenpsychologen, sondern an Jung, dem Schöpfer eindrucksvoller Bilder und Kalligraphien.

Dieser neue, aufwändig gestaltete Bildband bietet einen weiteren umfassenden Eindruck von C. G. Jungs gestalterischer Tätigkeit. Jung selbst hatte sich immer wieder dagegen verwehrt, dass Bilder und Gestaltungen von ihm als »Kunst« bezeichnet werden. Die in diesem Band versammelten Bilder, Zeichnungen und Skulpturen zeugen jedoch von seiner großen künstlerischen Schaffenskraft und seinem beeindruckenden Gespür für Form und Farbe.

Fünf Textbeiträge bieten umfassende Erläuterungen u.a. zu Jungs Mandala-Zeichnungen, seiner Arbeitsweise im Roten Buch, seinen Farbkonzepten sowie seiner Bedeutung als Sammler.

Verlagsankündigung

Ang Lee Seifert
Mut, Kraft und Zuversicht bestimmten unser Leben
Biografien von Angela und Theodor Seifert

opus magnum, Stuttgart, 2019, 332 S.,
ISBN 978-3-95612-024-4, 20,00 €

Eine Autobiografie und eine Biografie in einem Buch. Das ist die Ankündigung des Covers, visualisiert durch eine Grafik von Yucel Moran. Sie veranschaulicht ein Paar, das aufeinander zufliegt und gemeinsam in weite Höhen steigt. Es scheint sich gegenseitig zu umgarnen und sich dabei wechselseitig zu stützen. Die bedeutungsvolle Symbolik wird durch einen Hauch Leichtigkeit gebrochen, indem ein kleiner Vogel auf dem hochgestreckten Finger der Frau seinen Ausguck nimmt.

Vielversprechend und geheimnisvoll – das sind die ersten Eindrücke, wenn man diesen Band in Händen hält. Geschrieben hat ihn Ang Lee Seifert, Psychotherapeutin, Transaktionsanalytikerin und Autorin. Sie erzählt ihren Lebensweg bis in die Gegenwart, den von Dr. Theodor Seifert und von ihrer gemeinsamen Partnerschaft. Ihr Beweggrund für diese Dokumentation war der Tod von Theodor Seifert im Jahr 2018 und die tiefe Trauer über diesen Verlust. Ebenso ausschlaggebend waren wohl der Wunsch nach einem momentanen Resü-

mee und die Suche danach, wie der Aufbruch in den neuen Lebensabschnitt als Alleinstehende gelingen kann.

Hält der Text, was sein Titelbild verspricht, lohnt sich die Lektüre? Er ist eine umfassende Chronik des wechselvollen Lebens der Autorin. Dies ist zunächst durch schicksalhafte Wendungen charakterisiert. Da sie sich im Laufe ihrer beruflichen Karriere psychologische Kompetenz erwirbt, ist ihr die Dynamik bewusst geworden. Sie gestaltet ab ihrer Lebensmitte reflektiert und selbstverantwortlich ihre Entwicklung. Diese Expertise wird beim Lesen durch entsprechende Hinweise und fachliche Anmerkungen deutlich. Sie macht einen wesentlichen Unterschied zu vielen anderen Menschen, die diese Befähigung nicht besitzen und eher von äußeren Einflüssen gelenkt ihre Existenz arrangieren.

Ist diese Bewusstheit ein Privileg oder eine Last? Diese Frage kann wohl nur jede und jeder für sich beantworten. Nach der vorliegenden Schilderung führt Ang Lee Seifert in mehreren Lebensphasen ein begünstigtes Dasein. Durch die Geburt im Jahr 1938 ist sie früh mit den existenziellen Gefahren des zweiten Weltkrieges konfrontiert. Ihre Kindheit in Posen bis 1945, die chaotische Flucht vor russischen Soldaten und die anschließenden Erfahrungen als einsames Flüchtlingskind in Bayern sind formende Erfahrungen. Und gleichzeitig gibt es beglückende Empfindungen einer tiefen Freundschaft, einen fürsorglichen Vater, spannende Erlebnisse sowie Kindermädchen und Haushaltshilfen, die die Jugend begleiten und durchaus komfortabel erscheinen lassen.

Der liebende Vater, ein erfolgreicher Unternehmer, hat andererseits eine sehr einnehmende Seite. Seine Unduldsamkeit formt bei seiner Tochter ein Bündel antreibender innerer Normen. Gleichzeitig ermöglicht er ihr mehrere Auslandsaufenthalte, eine Unterbringung im exklusiven Internat und schenkt ihr zum 18. Geburtstag einen Porsche. Er sieht sie dauerhaft an seiner Seite und als Nachfolgerin in seinem Unternehmen. Bedingte Liebe als Gegenwert der kritiklosen Anpassung – das ist sein vorgesehenes Programm. Dieser Preis ist Ang Lee Seifert zu hoch und sie heiratet 1959 ihren ersten Mann. Eine Heirat, die wohl eine Flucht vor dem rigiden Vater, vor der Rolle als Vatertochter und ein eiliger Versuch der Emanzipation ist. Gleichzeitig realisiert sie damit das Idealbild der Mutter, die eine Familie als größte Erfüllung für eine Frau betrachtet.

Ang Lee Seifert als junge (Ehe-)Frau und dreifache Mutter ist also mit zwei gegensätzlichen Lebenskonzepten ausgestattet und spürt zudem ihre Sehnsucht nach Eigenständigkeit und Freiheit. Ein hohes Quantum an inneren Widersprüchen. Die 20 Jahre dauernde Ehe erfüllt ihre Hoffnungen nicht. Einem zunächst vergnüglichen, schwärmerischen Leben stehen bald existenzielle Sorgen gegenüber, da der charakterlich wenig stabile Ehemann als Unternehmer weit über seine Verhältnisse lebt und in eine völlige Überschuldung gerät. Materielle Not, Depressionen und der Verlust des Lebenssinns sind bei Ang Lee Seifert die quälenden Konsequenzen.

Diese Krisen bedeuten erneut einen Wendepunkt in ihrem Leben. Um Schulden bezahlen zu können, beschließt sie zu arbeiten und bekommt 1972 eine Anstellung als Sekretärin in der Forschungsstelle der Psychotherapeutischen Klinik Stuttgart-Sonnenberg. Von da an geht es wieder bergauf und ein quasi neues Leben nimmt seinen Anfang.

Die Atmosphäre in der Forschungsstelle, die Haltungen der dort tätigen Menschen, das wissenschaftliche Arbeiten inspirieren und öffnen neue Horizonte, bewirken eine große Lust zum Aufbruch und liefern die dazu erforderliche Energie. Die nachhaltige Förderung durch den damaligen Leiter der Forschungsstelle und eine Psychoanalyse kommen hinzu. Der anspruchsvolle Weg zur Qualifizierung als Naturheilpraktikerin und als Psychotherapeutin beginnt hier. Allerdings bedeutet er eine immer deutlichere Entfremdung vom Ehemann.

Ein Leben in zwei unterschiedlichen Welten ist die neue Realität. Die gemeinsamen Kinder sind zunächst noch ein Bindemittel. Die Identität von Ang Lee Seifert gestaltet sich um, die mitgebrachten Selbst- und Rollenbilder modifizieren sich. In diese Zeit fällt das Kennenlernen von Theodor Seifert. Sein erstes Buchgeschenk – „Spontan leben"von James & Jongeward – ist ein Hinweis auf die Transaktionsanalyse. Ang Lee Seifert erfährt bei den Treffen mit ihm intensive Gefühle innerer Freiheit, Innigkeit und Stimmigkeit. Das sind bislang ungekannte Qualitäten des Erlebens. Beide werden ein Liebespaar.

Wer war dieser Dr. Theodor Seifert - im Buch beschrieben aus der Sicht von Ang Lee Seifert? Er kommt 1931 in Zwickau zur Welt und wächst in einer streng pietistisch orientierten Familie auf. Der distanzierte Vater stirbt früh und Theodor Seifert übernimmt schon als zwölfjähriger Junge die Männerrolle, verehrt die liebevolle Mutter. Sein Abitur legt er mit Bravour ab und beginnt ein Psychologiestudium. Er ist ein intelligenter, fürsorglicher, eher ernster junger Mann. Seine herzliche, unbedingte Zuwendung gegenüber anderen Menschen wird ein für ihn typischer, überdauernder Charakterzug.

Er heiratet in Berlin seine erste Frau. Sie gehen bereits eine Woche später nach Schweden. Hier tritt er am Stockholmer Institut für angewandte Psychologie eine Stelle an und ist als Arbeitspsychologe tätig. Dieser Wechsel in das Schweden der 1950er-Jahre bringt völlig andere Gegebenheiten mit sich. Es ist ein Sprung aus einer engen, evangelisch gerahmten Welt in eine offene, freizügige Gesellschaft. Für Theodor Seifert ist seine Herkunft aus Sachsen ein zwiespältiges Thema, das ihm dauerhaft auf der Seele liegt. Die geringe Wertschätzung dieser Region und das Belächeln des Dialektes kränken ihn. In Schweden wird er zudem immer wieder mit der drängenden Frage konfrontiert, wie der so zerstörerische Nationalsozialismus in Deutschland möglich war. Das erhoffte private Glück stellt sich nicht ein. Zwei tragische Fehlgeburten verhindern die ersehnte Vaterrolle. Die Adoption von zwei Mädchen ermöglicht dann doch noch diese elementare, von Herzen kommende Freude.

In der Stockholmer Zeit erfährt Theodor Seifert von der Analytischen Psychologie nach C. G. Jung und ist in höchstem Maße interessiert. Durch eine großzügige Regelung seines Arbeitgebers lebt er nun mit seiner Familie halbjahresweise in einem Wohnwagen in Zürich, um am C. G.-Jung-Institut die entsprechende Ausbildung zum „Jungianer"zu absolvieren. Ab Mitte der 1970er-Jahre ist Dr. Marie-Louise von Franz, eine Mitarbeiterin von C. G. Jung, seine Lehranalytikerin. In seiner beruflichen Karriere wird er zum angesehen Analytiker mit eigener Praxis, gehört 20 Jahre lang zum Leitungsteam der renommierten

Lindauer Psychotherapiewochen, ist stellvertretender Leiter der Psychotherapeutischen Klinik Stuttgart-Sonnenberg, Autor von Fachbüchern, gefragter Redner bei Kongressen sowie nicht zuletzt geschätzter Gutachter. Er liebt Musik, schreibt anrührende Gedichte, genießt die Natur bei langen Spaziergängen mit seinen Hunden und im wochenendlichen Bauernhaus im Hohenloher Land. Er holt sich Geistes- und Seelennahrung in klösterlichen Retreats. Eine sonnige Bilderbuchgeschichte? Wohl nicht, denn zu seiner Vita gehören auch Schattenseiten und schmerzliche Erfahrungen. Sie erschüttern allerdings nicht seinen Optimismus und seine grundsätzliche Lebensfreude, lassen ihn wachsen und neue Ziele suchen.

Seine erste Ehe hält nicht dauerhaft und lange Lebensjahre sind von Erkrankungen und notwendigen Operationen gezeichnet. In spiritueller Hinsicht bleibt er Zeit seines Lebens ein Suchender und sehnt sich nach der inneren Kraft eines (göttlichen) Vaters. Seine Grundhaltung anderen Menschen und seiner Partnerin gegenüber charakterisiert das folgende Zitat. Der Sinn einer Beziehung ist „… aus dem Miteinander heraus, das Eigene zu entdecken und zu leben, sich gegenseitig zur Vollendung zu führen und zu begleiten.„

In ihren vierten Lebensjahrzehnten treffen sich also zwei Menschen, die eine starke Sehnsucht nach Entwicklung und Intensität spüren. Nach der ersten Zeit der gegenseitigen Verzückung werden sie ein Paar – 1990 ein Ehepaar –, das fortan sein Schicksal gemeinsam in die Hände nimmt. Wie im Titelbild von Yucel Moran dargestellt, sind sie einander begegnet, haben sich gesehen und erkunden von da an zusammen neue Sphären.

Es ist ein Leben in der Fülle, beruflich wie privat. Ang Lee professionalisiert sich als Psychotherapeutin, als Seminarleiterin und als Autorin. Ein äußeres Zeichen ihrer beherzten Entfaltung ist der Wechsel des Vornamens. Aus Angela wird Ang Lee. Theodor erwirbt sich einen ausgezeichneten Ruf als Analytiker und Fachbuchautor. Das zeitweise Einlassen auf die Grundgedanken des Buddhismus ist für Theodor Seifert eine wichtige Erweiterung seines Blickfeldes. Die Bindungen an das Christentum sind letztlich dann doch stärker, allerdings mit herben Nachwehen der pietistischen Erziehung.

Ein bezeichnendes Phänomen ihrer Verbindung ist die permanente Suche nach frischen Erkenntnissen und Erfahrungen. So gibt es Exkurse in die Kirschblütengemeinschaft von Samuel Widmer, Abenteuer in den USA, in Indien, Sri Lanka und Israel. Deutlich wird in der Biografie, dass ein zentrales Merkmal dieser Partnerschaft die gegenseitige Bereicherung der beiden Protagonisten ist. Theodor schenkt Ang Lee Impulse für ihre seelische und geistige Reifung, ist ein wesentlicher Förderer und Unterstützer. Ang Lee bringt in Theodors Leben Freude, eine gewisse Leichtigkeit und Abenteuerlust, später fürsorgliche Pflege und Beistand. Ihre tief empfundene, gegenseitige Liebe ist das existenzielle Fundament.

Die Biografie löst ihr anfängliches Versprechen ein. Die assoziative Erzählung enthält eine Vielzahl an detaillierten Berichten zu einzelnen Entwicklungsschritten. Sie ist, das liegt in der Natur der Sache, aus der subjektiven Sicht der Autorin verfasst. Zeitlich stringent sind die Abläufe allerdings nicht verfasst, es gibt oftmals Vorschauen und Rückblenden. Systematische Zeitangaben würden die Lektüre erleichtern.

Die Lebensbilder können als Schilderung zweier Menschen gelesen werden, deren frühe Prägungen in katastrophalen Zeiten des 20. Jahrhunderts liegen. Sie sind dann mutig resp. kurzweg in ihre jeweiligen Lebensbahnen gestartet, um in ihrer Lebensmitte festzustellen, dass sie noch reichlich unerfüllte Begehren haben. Statt in eine Midlife-Crisis zu schlittern, beginnen sie tatkräftig ein zweites, gemeinsames Leben, das sie bis in die Gegenwart führt. Mehrfach veränderte kulturelle und gesellschaftspolitische Rahmenbedingungen – vom Nationalsozialismus bis ins Heute – sind sein Soundtrack. Er wird nicht explizit erwähnt und kann von der Leserin, vom Leser dazu gedacht werden. Dies alles nachzuvollziehen und zu erfahren, wie aussichtsreich Selbstverantwortung und Wagemut sind, ist bereichernd und inspirierend. Zahlreiche Exkurse erläutern fachliche Hintergründe und Zusammenhänge. Sie bieten eine anschauliche Verknüpfung konkreter Erfahrungen mit wissenschaftlichen Modellen und Konzepten.

Aus der Perspektive der Transaktionsanalyse zeigt der Bericht, dass und wie es möglich ist, ein gegebenes Lebensskript zu würdigen und es gleichwohl bewusst neu zu verfassen. Innere Freiheit und Eigenverantwortung, Risikobereitschaft und menschliche Reife sind dafür unentbehrlich. Bemerkenswert an beiden Werdegängen ist die jeweilige Befähigung von Ang Lee und Theodor Seifert, Konstellationen zu erkennen, die Chancen bieten. Diese empfindsame Aufmerksamkeit ist allein eine Kunst für sich. Die Aussichten auf einen Wandel couragiert aufzunehmen und in die Tat umzusetzen ist eine zweite Eigenschaft, die leidiges Verharren oder Resignation verhindert. Initiative und Entschlossenheit zeigen beide immer wieder bei unterschiedlichen Herausforderungen. Und drittens zeichnet sie eine widerstandsfähige Resilienz aus, die sie mit harten Widrigkeiten und schmerzlichen Rückschlägen konstruktiv umgehen lässt.

Alles in allem ein sehr lesenswertes Buch voller Anregungen, das auch zum Nachdenken über eigene Optionen und Spielräume einlädt. An keiner Stelle wird ein Anspruch auf Allgemeingültigkeit erhoben. Es ist in bester Weise ein persönliches Exempel. Wie eng man sich daran orientieren will, wie die Suche nach einem eigenen Weg aussehen soll, welcher überhaupt eingeschlagen werden möchte, muss die Leserin, der Leser für sich entscheiden. Dies wäre dann ganz im Sinne von Eric Berne, dem Begründer der Transaktionsanalyse.

Mit Mut, Kraft und Zuversicht, getragen von gegenseitiger Hingabe und gleichzeitiger Eigenständigkeit gestalteten Ang Lee und Theodor Seifert ihr reiches Leben.

Wilfried Sigloch, Nürtingen

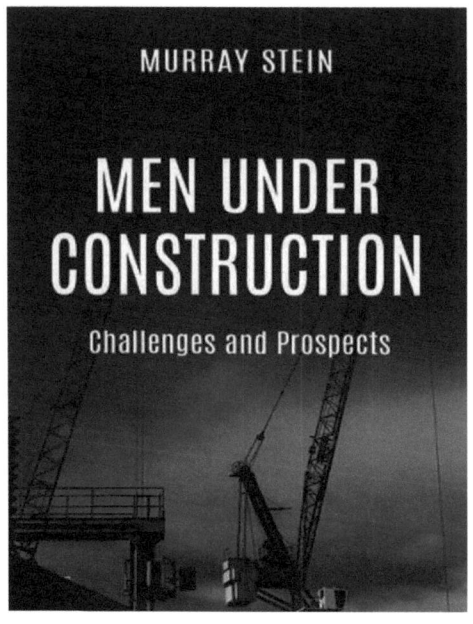

Murray Stein
Man Under Construction
Challenges and Prospects

Chiron Pub., Asheville, 2020, 152 S.
ISBN 978-1630517939, $ 24,95

In der Traumatherapie gehen wir u. a. davon aus, dass sich in der psychischen Struktur verschiedene Teilpersönlichkeiten etabliert haben, die entweder miteinander verbunden sind oder so weit voneinander abgespalten sind, dass sie sich gegenseitig nicht kennen. Ein traumatisierter Mensch erlebt und handelt deshalb in seinem Alltag in verschiedenen Ich-Teilen. Diese Abspaltungen wurden schon früh erkannt, vielleicht zuerst von Pierre Janet. Dann entdeckte C. G. Jung die Komplexe. Später waren es Paul Federn und W.R.D. Fairbairn, die die verschiedenen Ich-Teile konkret beschrieben. Erst aus diesen Ansätzen sind neuerdings die Ego-State-Therapie und die Theorie der dissoziativen Identitätsstörungen entwickelt worden.

Es gibt aber auch andere sehr wichtige Komponenten der menschlichen Psyche, die, wenn sie sich nicht auf natürliche Weise entwickeln können, schwere psychische Störungen hinterlassen: die von Jung entdeckten archetypischen Grund- und Beziehungsstrukturen und vorgegebene Entwicklungsprozesse, die in den bisher bekannten

Entwicklungs- und Traumatheorien nicht berücksichtigt wurden.

In seinem neuen Buch ist es Murray Stein nun gelungen, die komplexen Zusammenhänge dieser archetypischen Komponenten und ihre differenzierten Beziehungswirkungen und Strukturprozesse in fünf Stadien der Individuation darzustellen. Als fundierter und renommierter Experte der Psychologie C. G. Jungs zeigt er in einer tiefgründigen Analyse, wie die bekannten Begriffe von Jungs Theorie in der Praxis ein neues Licht auf die komplizierten Zusammenhänge der Intersubjektivität und den Verlauf des Individuationsprozesses werfen.

Murray Steins Aufmerksamkeit ist dabei auf die Entwicklung des Mannes gerichtet, und es ist für den Praktiker besonders lehrreich, vorgeführt zu bekommen, wie die Figuren Kind, Mutter, Vater, Persona, Anima und Selbst strukturell und im Verlauf des Prozesses in vielfältiger Weise miteinander verwoben sind und wie neben der normalen Entwicklung je nach den Bedingungen, die die einzelnen Beziehungs-Figuren hinterlassen, Übergänge in pathologische Formen des Entwicklungsprozesses möglich sind.

Wenn von Archetypen die Rede ist, glauben viele, dass man sich ausschließlich auf dem Gebiet der Symbole und der mythologischen Erklärungsebene bewege. Murray Stein zeigt in seiner Entwicklungspsychologie aber auch ihre Bio-Psychologie auf: wie eine archetypische Stufenabfolge natürlicherweise bei idealen Voraussetzungen ablaufen kann, wie also aus einem kleinen Liebling der Mutter ein starker, autonomer, reifer Mann werden kann. Zugleich streut er immer wieder die zahlreichen Fallstricke und Hindernisse ein, welche bei Abwesenheit idealer psychosozialer Bedingungen eine pathologische Entwicklung zur Folge haben und die Individuation beenden.

Gewisse Überlegungen zur Traumatherapie finden hier eine angewandte archetypische Hintergrundtheorie, die die Kreativität im therapeutischen Handeln anregt. So ist es interessant zu erfahren, wie die Entwicklung angehalten wird, wenn archetypische Grundpotenziale durch Mutter oder Vater behindert werden, oder wie die Anima als Feind der Persona auftritt, um nur zwei Beispiele zu nennen. Murray Stein zeigt dann weiter, wie Entwicklung im mittleren, höheren und hohen Alter stattfinden oder aber scheitern kann.

Angereichert wird das Buch durch ein Kapitel über die Möglichkeiten und Hindernisse in der Freundschaft zwischen Männern sowie einige Überlegungen zur Vaterschaft, d. h. dem väterlichen Verhalten, dem Pendant des von D. W. Winnicott eingeführten Phänomens der „Good Enough Mother", der ausreichend guten Mutter. Dass das Kind auch einen ausreichend guten Vater benötigt („good enough» Vater), der dem Sohn ein idealisierbares Vorbild zur Verfügung stellt und ihm aber auch erlaubt, diese Idealisierung wieder zurückzunehmen, und darüber hinaus, wie und ob der Vater seinem Sohn den Weg zur Individuation ebnet oder versperrt, ist gerade in unserer Zeit der Vaterlosigkeit (Mitscherlich) ein elementares Thema.

Auch hier findet der Praktiker in und zwischen den Zeilen eine Vielzahl von Anregungen, die Gedanken des bestbekannten Autors in die Praxis einfließen zu lassen.

Es ist zu hoffen, dass das Buch dem deutschsprachigen Publikum bald in einer deutschen Ausgabe zur Verfügung stehen wird.

Werner A. Disler, Zürich

Tonius Timmermann

C. G. Jung, die Musik und die Musiktherapie

Reichert, Wiesbaden 2020, 216 S.
ISBN: 9783954904570, 29,90 €

So sehr uns C. G. Jung und sein Bezug zu künstlerischen Medien vertraut ist, – ich denke besonders an sein beeindruckendes bildnerisches und textliches Gestalten im Roten Buch – so wenig wissen wir über seine Sensibilität in Bezug auf musikalische Werke und ihre Wirkmächtigkeit: „…ich habe alle Werke und alle großen Musiker gehört, aber jetzt höre ich keine Musik mehr: sie erregt und erschöpft mich zu sehr. Weil die Musik mit solch tiefem archetypischen Material zu tun hat."

Leider hat Jung's intensives musikalisches Erleben nicht zu einer Verankerung musiktherapeutischer Ansätze in der jungschen Psychologie geführt, und die kommentierte Liste der Publikationen zur musiktherapeutischen Arbeit auf der Basis von Jung im deutschen und englischen Sprachraum verweist auf das Fehlen genauerer wissenschaftlicher Untersuchungen zum Thema.

Es ist das große Verdienst des Autors, eine Forschungslücke zu schließen und auf wissenschaftlicher Grundlage die Integration zweier Symbolsysteme zu erarbeiten. Professor Timmermann ist nicht nur ein klinisch erfahrener tiefenpsychologisch orientierter Musiktherapeut, sondern auch ein profunder Kenner jungianischen Denkens, das ihn lebenslang begleitet hat. Mit tiefem Respekt vor dem Unbewussten entwirft der Autor eine schöpferische musiktherapeutische Praxeologie vor jungianischem Hintergrund.

Jung's visionäres ganzheitliches Modell der Psyche und zentrale Begriffe der jungianischen Kartografie werden in ihrer Bedeutung für die Musiktherapie beleuchtet. In stilistischer Brillanz erläutert er die akustische Symbolsprache der Musik, ihre Verschränkung mit den archetypischen Grundlagen und Grundmustern sowie ihre therapeutische Kompetenz für Individuation und Selbstverwirklichung. Alle Kernbegriffe der jungschen Psychologie werden in Beziehung gesetzt zur Musik und Musiktherapie, sei es der „Archetyp des verwundeten Heilers", amplifiziert am Beispiel der Künstlerpersönlichkeiten Joseph Beuys und John Lennon, „die Synchronizität akausaler Zusammenhänge" oder die „religiöse Funktion der Psyche", die zusammengeschaut wird mit den spirituellen Aspekten einer das Herz öffnenden Musik und Musiktherapie.

Lesende erfahren, wie sich im Klang und im Einsatz bestimmter Instrumente Schattenaspekte der Persönlichkeit erfahren und transformieren lassen und der haltgebende Archetyp der „Großen Mutter" im Klangraum des Monochords erlebt werden kann.

Der Autor zeigt uns an Hand von Fallvignetten die musiktherapeutische Beziehungskunst, vermittelt einen Eindruck von Improvisation als musiktherapeutische Form der Quest, die in das Dunkel des Unbewussten hineinleuchtet, um Verborgenes hörbar und bewusst werden zu lassen.

Es fehlt auch nicht der Verweis auf die mythischen Wandlungskräfte der Musik, die transkulturell in Märchen und Mythen in den archetypischen Grundmustern des menschlichen Schicksals sichtbar werden. Der Autor macht deutlich, wie über das Medium des materiellen Instrumentes immaterieller Klang transportiert wird. „Das Musikinstrument an sich ist so etwas wie ein ‚Hermes', ein klangliches Medium zwischen Göttern und Menschen, zwischen der geistigen und der materiellen Welt, zwischen Unbewusstem und Bewusstem." (S. 116)

Faszinierend ist die Einführung in den vielschichtigen Symbolcharakter der verschiedenen Musikinstrumente, die nach den Kriterien: Geschichte/Mythos/Psychologie-Visuelle-haptische Ebene/Äussere Form-Akustische Ebene differenziert vorgestellt werden. (S. 117 ff.)

Fallvignetten einer erlebnisorientierten Musiktherapie beleuchten die Bedeutung musikalischer Heilungsrituale im Rahmen von Aufstellungsarbeiten und deren transpersonale Komponente. Systemische, musiktherapeutische Aufstellungen werden als klingende Systeme personaler, nicht personaler und archetypischer Repräsentanzen verstanden, ganz im Sinne von Jung, der längst vor der Begründung der systemischen Psychotherapie um transgenerationale Interaktionen und Übertragungen wusste.

Besonders spannend ist sein Hinweis, dass Jung's ganzheitliches Denken und sein Konzept des „kollektiven Unbewussten als quantenphysikalischer Informationsraum" für den unbewussten Informationsaustausch ein hilfreicher Erklärungsansatz für die Feldphänomene der Aufstellungsarbeit sein kann, zum Beispiel für das Auftauchen des „systemischen Schattens", der die totgeschwiegenen Familiengeheimnisse sichtbar werden lässt.

Ich habe die Lektüre dieses äußerst kreativen Buches als eine große Bereicherung erlebt, denn überzeugend und emotional berührend wird hier unser Sein als Mysterium vermittelt und die Musik als Mittlerin zum Numinosen.

Ursula Wirtz, Zürich

Impressum

Jung-Journal – Forum für Analytische Psychologie und Lebenskultur
Jahrgang 23, Heft 44, Oktober 2020
ISSN: 1867-4690
ISBN: 978-3-939322-44-3

Halbjährliches Erscheinen
im April und Oktober.
Ein Jahresabonnement mit 2 Heften kostet z. Zt. € 15,- incl. Versandkosten.
Ein Jahresabonnement mit 2 Heften als PDF-Datei z. Zt. € 10,-
Bestellungen über:
Internet: www.jung-journal.de
E-Mail: mail@jung-journal.de

Postadresse: opus magnum -
Hirsauer Str. 39 - 70569 Stuttgart
Bankverbindung: opus magnum
IBAN: DE60 6001 0070 0570 3447 02
BIC: PBNKDEFF

Redaktion
Prof. Dr. Lutz Müller, Anette Müller,
Margarete Leibig, Bernd Leibig, Dieter Volk

Layout: Barbara Fischer, Lutz Müller

Texte zwischen den Artikeln:
Lutz Müller, Anette Müller

Druck: Kohlhammer Stuttgart

Verlag: opus-magnum
www.opus-magnum.de

Webmaster: Walter Fleritsch

Bildnachweise: Wenn nicht anders angegeben, stammen alle Abbildungen aus lizenzfreien Quellen des Internet oder aus Privatbesitz.

Titelbild: Alphaspirit AdobeStock 169683243

Die Inhalte der Artikel geben nicht unbedingt die Meinung der Redaktion wieder.
Für unverlangt eingesandte Manuskripte übernehmen wir keine Haftung.

Neue Bücher

Bisher erschienen:

Die Hefte sind über den (Internet-) Buchhandel erhältlich, für Abonnenten stehen PDFs aller Hefte zum kostenlosen download zur Verfügung (siehe www.jung-journal.de)

Folgende Themen für die nächsten Ausgaben sind in Planung:

Heft 45, April 2021, Arbeitstitel: **Bedrohte Ordnung**.
Bitte keine weiteren Beitrags-Vorschläge mehr einsenden.

Heft 46, Oktober 2021, Arbeitstitel: **Vom Teufel geritten. Komplexe und ihre Wirkung.**
Beitrags-Vorschläge können eingereicht werden bis April 2021.
Sie werden von der Redaktion auf Eignung geprüft.